作者近影

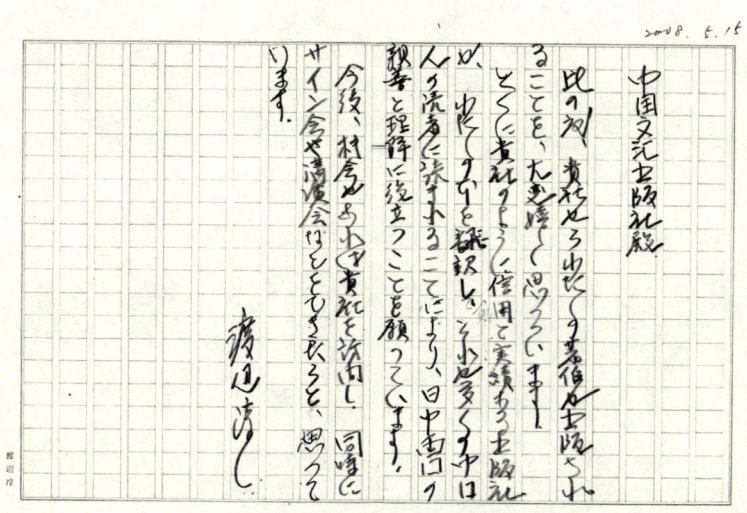

作者致文汇出版社

文汇出版社：

　　此次我的著作得由贵社出版，我感到由衷的喜悦。

　　我期待着，有贵社这样诚信且拥有不俗业绩的出版社，组织翻译和出版，让更多的中国读者进一步接触和了解我的作品，从而为增进两国人民相互理解，促进日中友好起到不容忽视的作用。

　　我憧憬着今后能有机会亲访贵社，并且举行签名会和演讲等，我将感到不胜荣幸。

渡边淳一

飞往巴黎的末班机

[日] 渡边淳一 著
Watanabe Junichi
魏岚 译

文汇出版社

目录

后背上的脸 1

海雾的女人 17

我的性生活 51

飞往巴黎的末班机 73

甜梦般的诱惑 105

回放的录像带 139

扼杀胎儿 161

樱红色的樱子 197

后背上的脸

一

　　内海发现有巳子臀部的那块疤痕是在六月初，那时他和有巳子正巧相好半年左右。

　　当时内海三十七岁，在北海道大学任英国文学副教授，已有妻儿。有巳子在札幌的薄野经营着一家小酒吧，同时还是当地K剧团的成员，参加剧团的表演。

　　内海作为文学系的教授，经常为当地报刊撰写剧评。偶然的一次，他给有巳子主演的K剧团写剧评，其中对有巳子的演技大为褒奖，这篇剧评让内海和有巳子相识了。

　　有巳子大概是从报社问来了电话号码，在内海的剧评登载在报刊上的第二天，她打电话到大学。

　　"来到这个偏僻的小城市，得不到别人的赏识，我心里说不出的郁闷。看了您的剧评，真让我信心倍增。"

　　有巳子的话听起来多少有点自吹自擂的味道。有巳子道完谢，接着说："我开了一家小酒吧，叫'小月'，有时间来坐坐吧。"

　　尽管有点夸张，内海只好接着她的话茬，"虽说是在小城市，可别灰心，一定要坚持下去呀。下次有机会一定去你店里看看。"有巳子这么发出邀请，但让内海一个人去她的酒吧，他还是有些顾虑的。

　　就这样大概过了一个月，就算被邀请，差不多也过了有效期限了。这时，D报的女记者友野到内海的大学来取稿子，友野问内海：

　　"先生有没有去过村越有巳子开的酒吧？"

　　"还没有，一直想去看看，你常去吗？"

"我和她在女子中学是同一届的同学,有一阵还和她一起演过话剧,所以很熟的。"

"那好啊,这就一起去坐坐。"

内海和那位女记者一起离开大学,正值傍晚六点左右。深秋时节,天色已黑,薄野这座城市已淹没在霓虹灯流中了。那天正好下了今冬的第一场雪,傍晚时分,主干道的积雪已经融化,但楼与楼之间的小路上,还到处积着雪。

有巳子的酒吧是在一条小路尽头的左手,那里集中了五、六家酒吧和居酒屋。

正如有巳子自己说的,店很小,一张L字形的吧台上只够坐下八个人,但因为小,倒让人有种亲切感。内海在吧台最边上的空椅上落了座。

"这位是北海道大学文学系的……"

没等友野说完,有巳子早已知晓似的:"是内海先生吧?"

"是啊,你早就认识了?"

"哪里,只是凭直觉。先生,欢迎光临,我可是等了一个多月了。"

有巳子不加掩饰,高兴地招呼道,倒是内海感觉到周围的客人朝这边投来的视线,微微地有点害羞。

"您要日本酒,还是威士忌?"

"哦,下雪了,那就要日本酒吧。"

"知道了。"

有巳子手脚麻利地在酒壶里倒上酒,热上了。这酒吧虽小,但吧台内设计得非常紧凑,可以做一点简单的烧烤和炒菜。吧台一端的筐里放着鲽鱼、多春鱼、七星沙丁鱼。

内海不知道有巳子的确切年龄,心想她和友野同龄,应该已经三十

四、五岁了。但吧台里的有巳子身材娇小，留着利落的短发，怎么看也就是三十左右吧。

那天晚上，内海在有巳子和友野的陪伴下，兴致颇浓，喝得酣畅。此间有客人也是搞话剧的，话题说到中央的大牌剧团，节目一成不变，毫无新意，和内海的观点颇为一致。友野因为丈夫在家，所以八点左右就走了，内海又喝了一会儿，十点左右才离开酒吧。

有巳子将步履不稳的内海一直送到小路口。

"下次我一个人来。"

"我等你。"

外面寒气逼人，眼看又要下雪了，有巳子双手抱肩，缩紧了身子。

内海从那时开始经常出入"小月"。从最初的一周一次，变成隔天，有时候还会一连五天都上那里。这样，内海和那里的客人也很快相熟了，知道内海是做剧评的大学教授，那些客人们对内海不由另眼相看，这让内海感觉不错。

内海和有巳子真正有了肉体关系是在一个月之后。那是十二月二十九日，正是年末。有巳子收起门帘，关上店门，和内海出了"小月"，又到另一家酒吧喝了一会，最后一起睡在了有巳子的公寓。

这事，两人谁也没先提起过，内海私下里已经想了有巳子很久，而有巳子对内海也早有意思，两人走到一起只是时间问题，现在正所谓水到渠成。

有巳子的公寓位于薄野一条偏僻的旅馆街，房间陈设非常简朴。八张榻榻米大小的房间带着厨房，房间中央放着小火炉，那是烧木柴的。房间里除了餐具橱，日式衣橱这些简单的家具，还有一台小型音响。除此之外，既没有电视机，也没有装饰品，更看不见女人喜欢的布娃娃之类的摆设。

一些书籍被堆放在音响和餐具橱之间,从那些书籍中可以看出,有巳子喜欢古典文学。

起初,有巳子表现得有点拘谨,面对中年内海的老道,她虽没有抵抗,却显得欲迎还拒。然而这仅仅是一瞬间的羞涩,很快,有巳子摆脱心绪的羁绊,如脱缰的野马驰骋起来。

有巳子那纤细、敏锐的身体一旦挣脱了之前所有的虚饰、抑制,突然变得大胆而放荡。因为有巳子一开始是那样的含蓄、娇羞,转眼之间竟如此奔放起来,把内海弄得真是亦惊亦喜。在几次翻云覆雨之后,有巳子喘息着,手指紧紧抠住内海的肩膀,慢慢平静下来。

内海搂着怀里的女人,身上感到一丝寒意。侧头望去,之前烧得红红的炉火暗淡下来,房间里充斥着寒气。

完事后的内海冷静下来,想起家里的妻子。内海和妻子近江很少争吵,但十年前的爱也已变得淡而无味。内海知道他可以住在有巳子这里,但明智的做法还是回家。

内海推了推有巳子露在被子外面的纤细的肩膀。

"唉……"内海不知道自己该如何称呼有巳子。叫妈妈桑不合适,直呼其名又显得太随便了。

"炉火好像灭了。"

"真抱歉。"有巳子急急忙忙穿上吊带裙,披上宽袖棉袍。

"你这就要回家吗?"

"回不回都行啊……"

睡下前,有巳子在炉子里装满的木屑球已经烧尽,只剩下一点红红的火星。

"我可是都听你的。"

有巳子就着余火,又在炉子里加了三个木屑球。

不知为什么,内海踌躇着,说实话留在有巳子这里也就是倒头睡觉而已,这样的话倒不如回家休息更轻松。

"挺冷啊。"内海看了一下钟,已是凌晨两点半了。

"可以的话,就住我这里吧。"

有巳子眼睛望着炉子,有些羞涩地说。炉火又重新点燃了,发出噼啪的燃烧声。望着侧身端坐在炉子前的有巳子,内海心头涌起一阵冲动,这冲动不同于男人的原始欲望,那是对先前那番亲昵细细品味油然而生的柔情。

"要是你愿意,那我就住这儿了。"

"那就这样吧。"

有巳子轻轻笑了,这笑声倒让内海胡思乱想起来,如此风情万种的女人身旁,曾经有过怎样的男人啊。

二

自从和有巳子好上后,内海便不常去"小月"了。男人和女人一旦有了肉体关系,不知不觉中就变得亲昵起来。这种亲昵,让他们相互举止随便,你来我往的言辞也会变得毫无遮拦,凡此总总,不再像是客人和妈妈桑的关系。

内海不愿意用这样的举动将两人的关系公之于众,更何况让他摆出一副情人的姿态坐镇在店里,也并不是件体面的事。

于是,内海不再像以往那样天天频繁出入"小月",而是改在周六、周日，或大学午休时的空余时间去有巳子的公寓。

每次内海去，有巳子总是欣欣然地迎他，而且只字不提他妻子的事。这对内海来说恰恰是求之不得的。不过内海也有顾虑，因为自从在"小月"进出，他曾带过几个同事一起去店里喝酒，那些同事自然也会一个人去。有巳子如果想知道内海家里的情况，从他们嘴里都可以打听到。事实上，有一位同事曾笑着说："'小月'的妈妈桑问起你太太是怎样的一个人，那妈妈桑对你有意思吧？"

"那你是怎么告诉她的？"

"我说内海的太太是个大美女，他们俩可是恋爱结婚的。"

"你胡说些什么！"

"还真发火啊，看来你也有意啊。"

内海被说得哑口无言。他不由得默默思忖，自己到底是迷上了有巳子的哪一点呢？

有巳子是那种身材娇小的女人，这一点是内海喜欢的类型，但除此之外，她实在算不上是美女。额头扁平的脸，一双单眼皮的眼睛。一件高领毛衣，配上皮质短裙，让她显得有点孩子气，同时也让她看起来比实际年龄年轻许多。只有在她侧身时，那对小而高耸的乳房变得张扬起来，婀娜的腰肢和她孩子气的脸唱起反调，勾起男人种种幻想。再说有巳子聪明，思绪敏捷，是个有趣的谈话对象，但这些都不是真正令他着迷的地方。

事实上，让内海真正着迷的，是有巳子外表知性，举止端庄，而在性爱的瞬间却突然判若两人，变得风情万种。

换句话说，男人最野性的欲望让内海完全拜倒在有巳子的脚下。

在他需要的时候，有巳子顺从地、无条件地将自己给了他，既不对他唠唠叨叨,指手画脚,也不向他索取什么。这样贤淑、实惠的女人,内海当然不会放手,但他也没想过要和现在的妻子离婚。倒不是他还爱着妻子,只是如一般的中年男人一样,他觉得离婚、结婚太麻烦,他不希望刻意改变现状,以至弄出些不必要的风波。

所以,男人与生俱来就是个利己主义者,无论他对女人如何痴迷,却依然想保持一定的距离。而女人却不同,一两次的逢场作戏另当别论,随着来往的增加,关系越来越密切,于是女人很难洒脱地将感情与肉体分开。和所有普通女人一样,有巳子慢慢地想要为内海做点什么。

"我替你买了内衣。"这是有巳子想为内海做点什么的第一个具体行动。那是在他俩相好两个月后,内海在有巳子公寓过夜后的第二天早晨,有巳子一边拿出内衣一边说:

"你换一下,我帮你洗了。"

内衣是男式的全棉短裤和汗衫,内海稍稍有些迟疑,但在有巳子一声"快"字催促下,无奈只好换上了。

这倒还仅仅是在两人私密之间,没有外人。然而有巳子的占有欲在众目睽睽的店里也变得露骨起来。

有时,内海傍晚去"小月"喝酒,中途起身说声"我走了",有巳子必定会追问"上哪去?"如果内海含糊其辞地往外走,有巳子立即会从吧台后追出来,赶到门外问:"今晚过来吗?"

如果内海稍迟些时间露脸,那么就算还有客人在,有巳子也早早地关了店门,无所顾忌地说:"我这就走,你等我一会。"这样的事一而再三之后,两人的关系,店里的熟客也开始有所察觉。

另一方面,内海的妻子明知内海在外过夜的次数增加了,倒也没有和他大吵大闹。大概是身为教授女儿,这种出身使得这个自尊心极强的女人不会哭哭啼啼地说什么"今天早点回家"之类的。虽说这样，只要内海在外过夜，他妻子便用红色铅笔把挂历上的这一天日期狠狠地涂掉。

内海利用妻子的沉默，一周中两三次和有巳子在一起，至于妻子那边，半个月才象征性地尽一下义务。

有巳子欢愉的表现变得越来越热烈而放荡，那原本敏感的身体一经解禁变得无所顾忌，熊熊燃烧起来。

可是，当初有巳子的的确确说过"我一直单身"，在她周围也找不到男人的影子，更看不出有男人进出她的公寓。

当然，有巳子认识内海时已不是一个处女，这一点是确凿无疑的。内海觉得有巳子以前的男人一定是个熟谙风花雪月的情场老手。

对这个，内海倒是没有什么不满。有巳子虽说只是经营着一家小酒吧，但一个三十多岁爱好戏剧的女人，以前不可能没有男人，这要追究起来的话，那有妻室的内海就更要被指责了。

总之，对有巳子的过去他不想说什么，内海关心的是有巳子现在有没有别的男人，只要现在没有，一切就不是问题。那么两人之间就不应该有过多的盘问，这是互相应有的礼貌和尊重。

可是尽管内海嘴上不说，但每次完事后，想起有巳子刚才那放荡不羁的样子，内海的脑海里总会闪过有巳子以前的男人。

"这种时候，感觉真好。"

渐渐地，两人一番云雨之后，有巳子会这么说。这话里暗示着，有巳子是因为内海而得到了满足，内海觉得自己在有巳子的心中占有了一席之地，是他造就了这个女人，这又让内海有点自得。

可是，在这么短短的日子里，有巳子的身体竟然变得如此敏感而且大胆，也可以说，是有巳子的身体早已具备了这种条件，而这条件正是她以前的男人所创造的。让有巳子体验到完完全全的快感，内海完成了最后那关键的一半，而另一半基础却是她以前的男人打下的。

内海一边关注着有巳子身体的茁壮成长，并力求使她日臻完美，一边为不是自己一个人造就了有巳子的而感到遗憾。

不过，有巳子丝毫没觉察到内海的这些想法。

"我算是离不开你了，除了你，没人能让我满足。"

"是不是还想找别人试试？"

"瞧你多傻，这会儿我怎么可能再去跟别人，我可不想让别人碰我。"

"不管别人怎么勾引你？"

"一个女人，就算脑子里有红杏出墙的念头，但她的身体却做不到，因为她的身体已经被牢牢地拴住了，再也离不开她所喜欢的人。"

"这话当真？"

"那还用说，女人的身体是最不会说谎的。一个女人只要爱上一个人，她的身体经过这个男人指点迷津，她就不可能再去想别的男人。"

"这么说来，你是被我指点了迷津啦？"

"那当然，这么好的感觉，我可是第一次。"

"如果我死了呢，你怎么办？"

"我和你一起死。"

"真的？"

"我可不是说着玩的，你要不相信，现在就杀了我。"

"那我就杀了成全你。"

"在和你做爱的时候，就那样被你爱着死去，也算是我的一个心愿吧。"

有巳子眯起她那细细的丹凤眼，凝视着远方。在那眼神里没有内海，也没有那个往昔的男人，那迷茫的眼神里有的只是女人对性的渴望。

三

到了第二年春天，内海和有巳子的关系在"小月"的常客之间已是一个公开的秘密。那些常客都是些搞演艺、美术的，再就是大学教授、媒体跑新闻的，总之都是些通晓世故的男人，他们中倒没人风言风语，但在薄野这么个小城市，背底里依然是有人议论的。

六月，洋槐盛开的初夏，内海和女记者难得又在一起喝酒。友野因为那天丈夫出差不在家，所以不着急赶回家。

两人照例在傍晚谈完工作后，来到一家熟悉的关东煮店里，吃完后又转到"小月"，在"小月"喝了一会，又上那栋楼里另一家N酒吧，两人在那里等有巳子关了店门出来。

就这样从七点到十一点，两人一直喝了近五个小时，友野有点酩酊，话也多了起来。

"先生，您可别惹有巳子伤心啊，是我把您介绍给她的，有巳子要有个三长两短，可都是我的责任啊。"

"三长两短？"

"您要是再喜欢上别的女人，有巳子一定会寻死的。"

"你言过其实了吧。"

"我说的可是真的，她曾经自杀过一次呢。"

"当真？"

"哎呀，您不知道？"

坦白说，这还是内海第一次听说。

"有巳子在东京时，试图自杀过。"

"为什么？"

"有巳子为了学戏剧去了东京，在那里和剧团的制片人好上了，但是没能有结果，所以才又回到这里。"

友野一边说，一边饶有兴致地不时观察着内海的表情。

"她吞服了大剂量的阿托品，整整睡了三天三夜。后来，因为她吞服得太多又呕吐起来，这才万幸捡了条命，这以后有巳子一病不起，在医院躺了两个月呢。"

"是这样啊。"

"所以……你应该知道喽。"

"知道什么？"

"那个呗。哎呀，别明知故问啦，你这人真是的。"

友野含笑轻轻瞪了内海一眼。

"到底是什么呀，快说吧。"

"有巳子屁股上有块伤疤吧？"

内海是知道有巳子臀部中间有那么一块疤痕，但那只是在他们面对面搂抱在一起时，内海的手指摸到过，感觉那是一块疤痕，可他并没有在亮处亲眼看见过。

"那伤疤就是那时在地上撞的，刚开始有巴掌那么大，后来小了许多。"

"你看见过？"

"当然啦，有巳子自杀未遂后，我马上和有巳子的母亲一起赶到东京，我在那里照顾了她半个月呢。对有巳子，我可是太了解了。"

内海即刻酒醒了,他竭力回忆指尖触摸到过的感觉,那伤疤表面高低不平的。

"有巳子为什么要自杀呢?"

"对方有太太,有孩子,我想那男人一开始就是玩玩而已,但有巳子却动了真格。就在毫无意识的昏睡中,她还一个劲地喊着那个男人的名字呢。"

内海那尚未完全清醒的脑海里,慢慢浮现出一个男子的影子。这个有巳子往日的男人的容貌模糊,指尖却离奇地又细又长,灵巧至极。

"有巳子很容易痴心动情的,先生你要当心啊。"

"没问题。"

"可是,刚才她看我们两人的眼神,就够可怕的,要是被她看见我和先生凑这么近,她一定得吃了我。"

似乎是想起了有巳子的眼神,友野不由得朝后挪了挪身体。内海双手捧着酒杯,望着前面陈列着葡萄酒的柜子。

"哦,今天我说的这些,可别对有巳子乱讲噢。"

"明白。"

就在内海点头的时候,有巳子喘着粗气跳了进来:"对不起,好不容易把客人哄走。"

有巳子灿烂地笑着,点了一杯加冰块的威士忌。

四

那一夜,内海的心里涌动起一股野蛮的欲望。这欲望在他和友野、有巳子三人一起喝酒时已蠢蠢欲动,和友野分手后,两人回到有巳子的公寓，内海终于迫不及待了。

刚一锁上门，他便抱住有巳子，迅速地拉开她后背的拉链。

"等等，不用你这么猴急，我也会脱的。"

有巳子在内海的怀里挣扎着，内海充耳不闻，脱下有巳子的衣服，用力扯开她内裙的肩带。他不想让有巳子自己动手，他的心里的只有一个单纯的欲望：不顾一切地扒光有巳子的衣服。

有巳子轻轻叫了一声，缩紧了身体，瞬间已一丝不挂了。尽管是深夜，但六月的北国已不需要烤火了。炉子被搬走后，房内显得宽敞起来，内海粗暴地把有巳子压倒在房间中央的床垫上。

"把灯关了。"

有巳子慌忙拉过被子，蜷缩起身子。

"不行，休想。"

与其说是对有巳子，内海更像是对他自己说，他吼叫着将有巳子脸朝下按倒在地。

"讨厌，讨厌。"

有巳子就像一条活蹦乱跳的鱼，一次又一次从地上挺身起来，但内海决不松手，牢牢地摁住了有巳子的身体。有巳子挣扎的身体渐渐没了劲，慢慢变得柔软，犹如一只猫那么顺从起来，争斗就此结束。

此时的有巳子早已做好了许身与这个男人的准备,她变得迫不及待。

内海引领着她冲向销魂的浪尖，就在到达浪尖前的瞬间，内海抽身来到她的侧面。犹如熊熊燃烧的炉膛突然被釜底抽薪，迫不及待的有巳子哼叫着欲罢不能。内海轻轻地将有巳子侧转身子，让她背朝自己。这个姿势他俩试过多次，有巳子很喜欢，不同的是，今天内海没有长驱直入，而是一边用手，一边死死盯着有巳子细长的后背。

圆润的肩胛，细细的水蛇腰，再往下看，和有巳子纤细的上身相比，她的臀部意想不到的丰腴。在臀部中间，确确实实刻着一块圆圆的疤痕。那圆圆的疤痕周围略带朱红色，中央略微发黑。这疤痕微微颤动，满心期待着即将来临的那销魂的一刻。内海目不转睛地看着，觉得那疤痕就是一张女人的脸，它时而哭泣，时而欢笑。

内海觉得这伤疤就像有巳子的另一张脸，这张脸一会儿杏眼圆睁，气歪了嘴，一会儿哭鼻子，一会儿又扑哧笑了起来。这是一张离开内海便形单影只的有巳子的脸，也是苦苦折磨内海，令他意想不到的脸。

"哎……哎……"有巳子要求着，那声音犹如远方传来的波浪声，一阵接着一阵。

"啊……"有巳子大声催促着，内海再也按捺不住了。此刻，有巳子轻哼一声，头向后仰去："真好，太好了！"说着有巳子捷足先行了。

内海驾驭着这个女人，心里掠过一阵焦躁。他觉得自己已经征服了这个女人，可又觉得似是而非。在这份煎熬中，渐渐地内海感觉自己被有巳子吞噬、融化，完完全全失去了自我。

海雾的女人

一

"札幌有两家书店,另外还有钏路,拜托你了。"

K书店的浦本这么说着,津山慌忙抬起头。

"钏路?"

"是啊,钏路有一家很大的山本书店,刚重新装修过,在庆祝新装修好开店的时候想请你去。"

"是钏路啊?"

津山又一次喃喃低语,将手中的书放在桌子上。这书是津山耗时一年写的长篇,今天刚印刷完毕,编辑浦山先给他送来了一本。

"那地方很远啊。"

"不过可以坐飞机,从札幌飞过去就四十分钟时间。"

原定半个月后,九月中旬,津山要去札幌举办一个文艺演讲会,出版社想请他顺便在札幌和钏路的书店,为这本新书办一个签名仪式。

津山的这本新作,主要是以北海道为背景的,出版方当时就计划在札幌的大型书店搞一个签名仪式。那么,如果是在一家书店签名的话,只要赶在演讲会前一个小时到书店,就能办完,两家书店的话也就是两个小时,反正大老远赶去了,这点时间总是可以挤出来的。

可是,如果要去钏路的话,情况就不同了。

"那要在钏路住一晚吧?"

"如果去的话,下了班五、六点左右才能走,去那里的飞机一天只有两班,最晚是下午两点的,那是赶不上的。要不就得坐火车了。"

"快车的话,也要开七个小时吧?"

"况且在这之前还有演讲会。"

"这么说，当天来回是不可能的啦。"

"是的，反正都到了札幌，就多呆一天吧，你是不是另外有什么急事？"

"那倒不是，只是觉得远了点。"

"不过，秋天的钏路可是很美的。"

"我去过一次，不过不是秋天。"

"那不正好嘛，顺便去看看，莫非你有什么不愿去钏路的理由。"

"这倒没有。"

"那就定了，偶尔离开这空气浑浊的东京，体验一下边疆小城的风情，也很不错嘛。"

津山心里也是想去看看的，都到了札幌，钏路已经近在咫尺。虽说手头的工作的确很忙，不过一、两天的时间还是抽得出的。既然对方希望他去，他自己也想去，那就顺其自然答应下来吧。

脑子里这么想，可津山心里依旧有个疙瘩，让他难以爽快地应允下来。

"钏路现在该是大雾时节吧。"

"那地方什么时候会有雾？"

"夏天该是雾最浓的时节。"

津山在北海道大学上学时，在去阿寒的途中路经过钏路，那是二十年前的事了。那时他去阿寒湖野营，回来时在钏路火车站附近的日式旅馆住了一晚。津山是抱着对边疆小镇、"雾都"的向往跑去的，结果大夏天住在日式旅馆狭小的房间，乱糟糟的街道，尘土飞扬，弄得他大失所望。

那时是昭和二十八、九年,整个日本尚在重建之中,钏路也正值由农村向城市过渡的时期。几年之后,原田康子以钏路为舞台,发表了她的成名小说《挽歌》,并被拍摄成电影,这个边疆小镇才为人所知,对那以后的钏路,津山也不甚了解。不过,钏路在津山的记忆里历历在目。

井浦久仁子。

津山尽量让自己不去想这个名字,他试图说服自己相信,对去钏路犹豫再三,只是觉得那地方太远了,太麻烦,并不是因为这个女人。

津山的这番思绪,证明他没有忘记过她。老实说,在浦山提出:"去一下钏路吧"的时候,津山的脑海里便浮起了井浦久仁子的名字。

"那么,就按刚才的日程决定了。"

"等等……"

"就这么定了,也该上北海道尝尝螃蟹啊。"

"你可真会强加于人。"

津山脸上有点不情愿地点点头,心里却已经没有了先前的踌躇,反而企盼起这次旅行来。

二

津山认识井浦久仁子,是十六年前了,那时津山还是北海道大学的一个学生。

那时候,津山在文学系专攻日本文学,他只选够规定的课时,其余的精力都耗在打工和玩乐上了。

津山第一次遇见井浦久仁子是在他读大四的时候,正值十二月初。

那时，津山和同届的野村经常去薄野一家名叫"克丽奥佩特拉"的舞厅。那个时候刚开始有电视机，保龄球和游戏机房都还没有呢。冬天的札幌，男女朋友能结伴去的地方，也就只有咖啡馆、电影院，再就是舞厅了。

那会儿，在札幌有五六家舞厅。"克丽奥佩特拉"位于市中心，风气也比较好，你只要花上二百日元，就可以和异性朋友跳上一整天，再没有比这更便宜的娱乐了。

津山他们去舞厅时都是清一色男孩子，从不带着女朋友。既然是去体验夜晚的冒险，就没必要带上女朋友。况且有女孩子做伴，一旦发现了美女，反而多了一份累赘。

一般管不带舞伴的叫自由人，而津山他们把这叫做"就地取材。"

那天晚上，津山和野村两人约好去舞厅"就地取材"。

"十点在'紫烟庄'碰头。"

"好咧，可别逮个丑姑娘来。"

"小心你自己吧。"

进舞厅前，他俩这么互相调侃着。

津山他们通常是吃完晚饭，七、八点钟时到达舞厅。周六、周日就稍早一点，但平时的话，这个时候正是那些办公室小姐、西式裁缝学校的女生开始来舞厅，舞厅最热闹的时间是在晚上九点至十点。

舞厅营业到夜里十一点半，过了十点，就很难找到出色的女孩了。那会儿还逗留在舞厅的，都是些化了浓妆，一看就是不良女子，再就是被男人带来的舞伴。那些良家姑娘不是有家规，便是害怕走夜路，早早地都开始回家了。

津山他们有个默契，就是一起进入舞厅，但到了里面便互相不再说话，原因大概因为"双方是争夺女伴的竞争对手。"津山和野村既然没带舞伴，那么他们必须先找到一个舞伴才行。不过，他俩的目的还不仅仅是这个。

他们要找到舞伴，并在跳舞的时候接近她，最后在十点之前把她带到那家"紫烟庄"咖啡馆。无论你找到多少漂亮的姑娘，如果她拒绝去咖啡馆的话，那就有没任何意义。你必须十点之前带上那个舞伴结伴而去，然后将双方带来的姑娘做一个比较，谁带来的姑娘漂亮谁就是赢家。输的人除了要为咖啡馆埋单以外，另外还要付罚金。

两人规定罚金为一千日元。那时候的一千日元相当现在的五千日元吧，所以"就地取材"可是一个动真格的赌钱游戏。

那晚，津山出师不利。他一进舞厅，就搭上一个二十二、三岁模样的姑娘，那姑娘长着一张圆脸，身材不错。津山和她连跳了两曲，接着又一起跳过两次，打听到她在M百货店工作。只要能让女孩子愿意对你说出她的名字或工作单位，那么把她带出舞厅基本上是十拿九稳的了。

津山一边跳着舞，一边打定主意，今晚就是她了。

可就在他锁定目标后，一曲终了，稍作休息后突然找不到那个舞伴了。津山起先没当回事，心想一定是上厕所去了。可过了三个舞曲，他才发现，那女孩早已在乐队边上和一位三十左右的职员模样的男人跳上了。津山气坏了，决定下一个舞曲一开始便硬挤进去。

当舞曲奏响，津山正准备抢先朝那女孩跑过去，可是那男人已经捷足先登。那女孩明知津山冲她跑来，却一脸漠然，又和那职员搂在一起跳上了。

"我成了个填空档的啦。"

津山狠狠地看着那女孩的背影。

那女孩和那男人显然是早就约好的，先前她和津山跳舞，只是为了打发等待那男人时间。

"就算这样，打开始说一下不就罢了。"

津山想再懊恼也白搭，时间已快九点，离规定的十点只剩下一个小时了。

津山又琢磨野村不知战果如何，待他四处一看，发现野村正在舞厅右侧灯光昏暗的地方跳着呢。那里人影晃动，津山看不清对方女孩的脸，但既然能跟野村上那昏暗的地方去跳，一定进展顺利。

津山重又巡视起舞厅。

早知这样，不如随便在刚才一起跳过的女孩中找一个呢，那些女孩子虽说不是十分漂亮的，可相貌普通的还是有的。

事实上，到城里的舞厅来跳舞，而又没有舞伴的女孩，很少有特别漂亮。那些特别漂亮出挑的姑娘一定有男伴。所以在这些不带舞伴的女孩中猎艳，找到个相貌平平的就算战绩不错了。

舞厅里还有几个是刚才一起跳过舞的女孩，可到了九点，她们大部分已有了固定的男伴，这时便很难再去邀请了。

这个时候，还依墙干站着女孩里不可能会有漂亮的了。

津山急了，眼下可不能再挑三拣四的了。他必须尽快找个女孩，并让她跟着一起去"紫烟庄"。要不然，他就只好眼睁睁看着野村和他猎获的女孩卿卿我我，乖乖地为他们的茶水埋单，并交上罚金。

他又一次审视周围。

女孩子们开始三三两两朝门口走去，大概是准备回家了。津山顾不得太多紧跟上去，叫住这些已经准备回家女孩是不太可能的了。不过津山仍然不死心，希望其中会有一个容貌出挑的女孩。

就在津山走到离舞厅门口大约二十米左右的时候，迎面进来两位姑娘。一个身穿碎花套裙，胸前带着胸花，另一位穿着白色连衣裙。

那位穿套裙的女孩大概以前来过，径直朝里走，而穿连衣裙姑娘一路好奇地朝舞厅里张望着。

津山看着她们走过，目光尾随着观察起来。

从进门东张西望的样子判断，一定是刚刚才来的客人。着套裙的女孩五官端正，个子偏高；那穿连衣裙的女孩虽够不上美女，但比另一位要年轻两三岁，大约二十左右吧，她瘦瘦的，个子不高。

按津山嗜好，他喜欢身材瘦小的那个。

两个女孩在舞厅中间的墙边站住，周围的男舞客们马上朝她俩打量起来。

这时候，姑娘们大部分已经陆陆续续走了，舞厅里男客人明显成为多数，再不行动的话，这两个刚来的姑娘立刻就会被谁请走了。

不等舞曲终了，津山已冲到她们面前。

"请你和我一起跳吧。"

那瘦小的女孩吃了一惊，瞪大了眼睛，然后不敢相信地回头看了一下同伴的女孩。

"请你呢，快去吧！"

穿套裙的姑娘从后面推了她一下。

"可是……"

"舞曲还没完呢。"津山伸出手，穿连衣裙的女孩稍一犹豫，点了一下头。

这是一个狐步舞曲，用普通的快步来跳。

两人相拥时，那女孩的肩膀正巧到津山的下巴。津山身高一米七二，所以那女孩大概一米五五、五六的模样吧，不像远看时那么瘦，倒是显得很匀称。起初津山觉得她矮小，大概是同伴的女孩比较高大的缘故吧。

刚跳的时候，那女孩的步伐有点乱。

"对不起。"

"别介意。"

津山引领着她往舞厅中央移动。

这女孩跳得不算好，不过能跟上舞伴的节奏。也许是第一次跳舞，她显得很紧张，身体略微有点僵硬。

"是第一次来这里吗？"

"是。"她轻声回答，津山再次审视起眼前的女孩。

她一头齐肩短发从前额不对称地左右分开，发梢卷着卷。娇小的脸庞上一双眼睛显得特别大，翘鼻子，扁平的额头，皮肤白净。

比起刚才津山看上的圆脸女孩，她说不上漂亮，但还说得过去。

"你们是刚到的吧。"

"你怎么知道？"

"我一直看着你们呢。"津山没话找话，想尽快能和她熟悉起来。"你工作了？"

"没有。"

"那么还是学生？"

那女孩不作声。

津山不再多问，认真地跳起舞来。

欲速则不达，这是津山总结的经验。这女孩是第一次来城里舞厅，虽说有同伴一起陪着，但一定心存戒备。

既要活泼、随和，又要举止庄重，这是野村教给他的猎取女孩的要诀。津山如法炮制，一般都屡试不爽。

当他们跳至舞池中央时，伴奏结束了。

津山松开手，那女孩微微低头施礼，然后急急地回到女伴那里。

目送着她的背影，津山点燃一支香烟。

下一个是吉特巴舞，那是一个快节奏的舞曲，不容易跳好。

一位男士朝那两个女孩走去，在交谈了几句之后，那位穿套裙的女孩随之步入了舞池，那女孩舞姿娴熟，跳得很不错。又有一位男士朝白色连衣裙的女孩走去，面对男士的邀请，她连连摇头，那男士又说了些什么，最终放弃走了。

津山料想那女孩不会跳吉特巴，看来是猜对了。

既然这女孩不会跳吉特巴，那么即使有男士去请她的话，也会被拒绝的，所以，津山若无其事地离得远远的。更何况吉特巴舞曲太快，很难有说话的机会。除非是碰到了活泼而又善舞的女孩，让她在吉特巴的乐曲中尽兴地旋转，情绪奔放起来，这倒也是一招。不过眼前的女孩显然不是这种对象。津山耐心等待着下一个节奏缓慢的舞曲。

津山用大拇指和食指夹着烟，那姿势颇有点黑社会老大的腔调，开始走近那女孩。

津山预料没有错，接下来的是个慢节奏的舞曲。穿套裙的女孩一曲终了回到那女孩身旁，两人在舞厅的一角说着话。

下一支舞曲奏响了，津山迅速上前。

"请！"

那姑娘又一次吃惊地抬起头，不过这次没等女伴说，便不出声地跟了过来。

"你跳舞什么时候学的？"

"刚学的，只有半年吧。"

"在哪里学的？"

"在学校……"

"哪所学校？"

她不回答，微微摇了摇头。看来依然心存戒备。

"你身体柔软，一定可以跳得不错的。"

"真的？"

"身体柔软的女孩，跳舞一定收放自如。"

"可有人说我身体太硬，不容易跳好。"

"那是因为男伴没带好你。"

津山信口开河地说。虽说是信口开河，也要挑女孩子爱听的才行，一定要能博得她的好感。

"我叫津山，在北海道大学，大四了。"

不等别人问，津山先自报家门。因为自己穿着白色毛衣，外面是藏青色西服，从外表看，分不清是学生还是已经工作的职员。

"我可不是个不靠谱的坏人。"

女孩扑哧笑了出来，大概是津山的自报家门，让她稍稍放了心。

"可以的话，能告诉我你的名字吗？"

"我姓井浦。"

"下面的名字呢？"

女孩顿了一下，回答："KUNIKO，汉字是久仁子。"

"井浦久仁子？"

"这名字有点怪怪的吧？"

"哪里，一个很不错的名字。"

津山想，眼下这个姑娘对自己说不上有好感，但至少是不讨厌了。加把劲，也许就能把她带走了。

和着舒缓的小夜曲，津山将她依然有点紧张的身体朝自己的胸前靠了靠。

"你和那个女孩子是一个学校的？"

"是，不过她已经毕业了。"

"是学西式裁缝的学校？"

"你怎么知道？"

"那当然，二位的穿着品位这么好，一身淑女打扮。"

久仁子又轻轻笑起来。久仁子看起来就像个学生，相比之下，那穿套裙的姑娘身材高大，显得成熟许多，身上透出的世故感，让人一看就知道是个踏入社会的人了。

"那么你朋友工作了？"

"她是个时装设计师。"

"那么，你呢？"

"我明年毕业。"

大概是熟悉了一点，久仁子爽快地回答。

"你毕业后也准备当设计师吗？"

"不知道。"

萨克斯管发出如泣如诉的悲鸣，余音回荡。

周围的舞伴几乎一对对都紧紧地搂在一起，津山不敢性急造次，继续耐着性子问。

"你住哪里？"

"在西线的十六条。"

"我住在元山,离你住的地方不远。是和父母住一起?"

"不是。"

"借的房子?"

"我住在我姐姐家。"

"这么说,你老家不是札幌?"

"我家在钏路。"

津山重新审视起久仁子。北方的女孩大都皮肤白净,不过,久仁子算不上白净,只能说是苍白。津山原来就有点纳闷,作为札幌的姑娘,久仁子显得太老实了,果然是从外地来的。

"毕业后回钏路?"

"不知道。"

音乐停了,津山和她一起回到舞厅边上。

之后,津山和久仁子又连着跳了三支曲子。在吉特巴舞曲响起的时候,久仁子说不会跳,躲到了一边。津山拉着她,手把手地教了起来,对津山的指点,久仁子虚心地跟着。

津山又了解到:久仁子二十一岁,高中毕业后来到札幌,现在H服装学校读三年级,她借住在姐姐家,姐夫在银行工作。

乐队再次奏起慢舞曲,时间已经过了九点半。

"来吧。"

被津山请了,久仁子不再推辞。久仁子的朋友,周围的男士显然觉得津山和久仁子俨然是一对了。

津山一点点地把久仁子朝着乐队边上较昏暗的地方引去,那里早已聚集了一些互相有意的男女,正搂着跳贴面舞。

津山把久仁子领到那里，让久仁子充分看清那些男男女女的姿态后，这才松开握住久仁子的手，顺势搂住了她的腰际。

两人的身体贴得更近了，久仁子的额头轻轻地靠住了津山的右肩，津山感觉着肩膀上的分量后，顺势蹭着久仁子的发际，在她耳边轻声说：

"一会儿出去喝杯茶怎么样？"

久仁子立刻仰起脸，看着津山。

"我十点约了朋友在咖啡馆见面，我想介绍他认识你一下，一起去吧。"

"……"

"我朋友也带了个女孩子，所以，你能陪我一起去的话就太好了。"

"可是……"

"就坐二、三十分钟，回家时我送你。"

"可是，还有我朋友呢……"

"不行的话，那就叫上她一起去也没关系。不过我朋友只带了一个女孩，所以我也只带你一个比较合适。"

久仁子想了想，回答说："我和她说一下吧。"

津山点点头，手搂紧了久仁子的腰，跳起了贴面舞。

三

十点，津山把久仁子带到"紫烟庄"。这时，野村已经带了一位女孩坐在大包厢里了。

"这边！"

野村挥手打着手势。两对男女面对面坐下。这一瞬间是游戏中最为让人心跳的时刻了。

"这是和我一个年级的野村,这位是井浦久仁子。"

两位男生分别介绍了自己的女孩。四个人目不转睛地盯着对方,随后一起低头致礼。

野村带来的女孩身材比较高大,看上去时髦洋气,算不上特别的漂亮,但确实引人注目。她涂着浓浓的眼影,看上去二十六、七岁的模样。

相比之下,久仁子就显得太孩子气了。从五官上比的话,久仁子可能都在那个女孩以下,不过久仁子更清纯可爱。

野村原本偏好半老徐娘的类型,所以,他一定觉得自己带来的女孩很不错。

四个人喝了茶,聊了三十分钟左右,离开了"紫烟庄"。

说是聊,其实基本是野村和津山两位男生在说话。

"怎么走?"

"我送她回去。"

"是这样,那就在这分手喽。"

至于胜负,他俩通常是在日后见面时再作定论的。当天,四个人分成两对各自回家。

"再上哪儿喝一点什么?"

"不了,我要回家了。"

久仁子看了一下手表,有点害怕地摇了摇头,她说自己还是第一次,晚上十点以后一个人在外面。

傍晚停下的雪,这会儿又飘飘洒洒地飞舞起来,久仁子竖起藏青色大衣领子,快步朝着电车的方向走去。

"我送你到家。"

津山紧随久任子一起乘上了电车。坐上电车,看见还有那么多和自己同路的乘客,久仁子安下心来,脸上的表情又像在舞厅时那样平静下来。

"我怎么联系到你?"

"你打电话给我吧。"

"号码呢?"

久仁子看了一下周围,确信没有人注意,才把姐姐家的电话号码告诉了津山。

电车顺着山往南驶去,两人在十六条站下了车。市中心的残雪已经融化,柏油路干干净净的,到了这一带,残雪尚未融化,覆盖着路面,新下的雪又开始往上堆积起来。

"冷吧?"

津山握住久仁子的手,自然地插入自己大衣口袋里。

下车时还看见十五、六个人影,朝左拐入小马路时,周围就只剩下津山和久仁子了。

"你姐姐家在哪呢?"

"前面第二根电线杆的左边。"

行人稀少的小路上亮着一排路灯,雪花在灯光下漫舞。

"就是这儿。"

矮矮的石墙里面是一栋木结构的二层小楼。门柱上写着主人的名字"大桥"。

"这是你姐夫的名字吧?"

"是……"

久仁子从津山的大衣口袋里抽出手来,这时津山迅速用另一只手搂住她。

"你干什么……"

久仁子轻轻叫道,津山根本不松手,搂得更紧了。

"讨厌!"久仁子使出全身的力气推开津山,一边扭转脸竭力躲避,一边用手朝津山凑过来的脸噼啪乱打一气。

就在两人扭作一团时,津山亲了久仁子,但这实在是短短的一刹那,马上,久仁子紧闭着嘴,喘着气躲了过去。

"安静点,没事的。"

津山呵斥着,久仁子却发了疯似的摇头。对久仁子的不配合,津山有点吃惊,手不由得松了下来,就这个当口,久仁子溜出他的手腕,头发乱糟糟地逃进了院墙。

第二天午休时间,津山在大学食堂见到了野村。

"昨天是我赢了。"

食堂是自助式的,野村一边端着荞麦面一边这么说着。

"开玩笑,我带来的姑娘比你的强多了。"

"你胡说什么,这么说,又得找相川来看吗?"

每当他俩意见不一,无法得出结论时,便让朋友相川看过两位女孩,最后由相川作裁定。

"你不服也白搭。"

"谁说的,你那个女孩子虽说长得还可以,但一副风流女子样。"

"去你的吧,你那一位才叫乳臭未干,简直还是个黄毛丫头,都还没发育呢。"

野村一边吹着热气吃着荞麦面,忽然想起什么似的。

"对了，你昨晚没干什么坏事吧？"

"就亲了一下嘴。"

"你这不是折磨她么。"

"我只是带她来一决胜负的。"

"不过，那姑娘对你可有点意思啊。"

"我可没打算深交下去。"

"最好就在亲亲嘴的程度上打住吧，那种类型的女孩，看上去文静老实，可就像一堆干柴，着起来可了不得。"

野村皱着眉头夸张地说，但凡说到女人，他总是摆出前辈的姿态。

这以后，津山见了久仁子两次。第一次是一星期后，那是为了带去给相川看，裁定胜负的。最近的一次是圣诞节夜晚。

因为有那天晚上的事，津山觉得久仁子可能不会来的，但她准时赴约。

相川裁判的结果是，久仁子以略微的优势获胜。

"女人怎么能光看年龄呢，光有年轻不行的，得看成熟不成熟。你们这些家伙，对女人简直是一窍不通。"

野村很不服气，但也推翻不了相川的判决。于是津山从野村那里得到赢来的一千日元，外加垫付的二百八十日元茶钱。

按以往，这些钱津山就拿来吃饭，或打麻将花掉了。不知为什么，这一次因久仁子赢来的钱，津山想用它来请久仁子吃顿饭。

这两年来，津山不好好上课，有了钱就玩，没钱了再打工，就这样周而复始。对自己这种不求上进颓废的生活，津山开始觉得有点不安起来。

其实从一开始，津山就没有什么追求。刚进大学时，觉得好玩就参加了学生运动，但马上就厌倦了，转而沉迷于追女孩、打麻将。无论是离开学生运动也好，沉溺于追女孩也罢，当时津山给自己找了种种堂而皇之的理由，什么受挫折啦，对前途失望啦，等等，其实是他自己对什么事都难以专心投入罢了。

一方面，他希望自己能有追求，有目标，为追求这个目标而振作起来；但另一方面，他害怕毕业，害怕离开大学生活。他对即将踏入社会毫无信心，忐忑不安。他不想直面这些问题，于是逃避在猎艳姑娘的游戏中。但是，当今年最后一场大雪飘舞的时候，对这一切，津山已经难以提起兴致了，正是在这个时候，津山遇见的久仁子。

圣诞节的夜晚，津山约了久仁子。他们在饭店坐下后，久仁子拿出送给津山的钢笔。

和女朋友在餐馆吃饭，接受礼物，这种温馨而老套的圣诞节曾被津山蔑视，而如今津山觉得这样的生活方式也不错。

烛光映照在久仁子那张略显孩子气的脸上，津山在心里问自己，我喜欢她吗？

津山和久仁子就是接了吻，并没有其他关系。而那接吻也是被抵抗再三，最后是久仁子咬紧牙关，津山颇费周折地在她的嘴唇上碰了一下而已。而要在以往，津山在舞厅猎色，当晚便一起过夜了。按照以往这种进展神速来看，这一次的效率实在是太低了，这要是让野村知道了，一定被他讥笑是个倒霉蛋。

不过，津山现在对这些不再介意，他觉得在圣诞夜邀上女孩子一起，一边听着圣诞歌，一边共进晚餐也挺不错。望着窗外大雪纷飞，津山享受着这份久违的温馨。

"哎，野村君这人有点怪吧？"久仁子想起什么似的说："他让我下次悄悄地和他两人单独去跳舞。"

"我没意见啊。"

"我才不去呢,那人看上去让人有点害怕。"

在自己没有宣布"这是我的女孩"之前,野村对久仁子发出邀请,津山无权干涉。在没有宣布这是自己的战利品之前,谁都有权利追,这是津山他们之间的游戏规则。

"津山君,你工作找好了吗?"

"还没有呢。"

"都十二月了,可不早啦,你怎么打算?"

"我想留在大学,不行的话,就回小樽,去我老爸的制铁厂。"

"可你是搞文科的人。"

"学文科的也没有说不能到制铁厂工作。"

"你倒是什么都不在乎。"

"那么你呢?"

"我请姐夫帮着在找呢,我想明年春天工作。"

津山对久仁子谈不上喜欢,尽管久仁子皮肤白皙,天真淳朴,但这种姿色的女孩多得是,而且不像久仁子这么保守,她们轻易地就肯和你上床。

但津山还是选择了和久仁子一起过圣诞节,他开始厌倦以前散漫放荡的生活,而这时碰巧让他遇见了久仁子。

又下了一场大雪,新的一年开始了。津山和久仁子的关系依然没有进展。津山大概一周见久仁子一次,有时久仁子也到他的宿舍,但久仁子只允许他亲吻,并且会乖乖地伸出舌头,除此之外再不许津山越雷池半步,只要津山的手一碰到她下半身,久仁子便立刻逃走。

除了久仁子,津山还和两三个女孩来往着,她们都是他在打工和舞厅认识的。和那些女孩在一起津山不会有压力,还能放开了玩。尽管这样,津山依然会隔三差五地见久仁子,因为久仁子会帮他打扫房间,这么实惠的姑娘不多见,也因为久仁子不让他碰,津山觉得她很纯洁。

到了三月份,津山悬悬乎乎地毕业,进了研究生院。读研究生当然没有工资,所以津山就在札幌市的高中当兼职老师,挣点零花钱。

"我爸爸妈妈一定让我回钏路老家。"

久仁子已经毕业,但还没能找到满意的工作。

"那就回去呗。"

"可我不想回去。"

"但你总不能老是这么闲逛着吧?"

"回去的话,我父母就会把我嫁出去。"

久仁子显然想知道,津山有没有和她结婚的打算。

但津山绝没有和久仁子结婚的意思。自己现在根本不可能谈论婚嫁。要不是靠父母每个月寄钱过来,津山连自己都养不活,哪里敢谈结婚。再说对久仁子,津山承认她是个淳朴的好姑娘,但并没到非她不娶的程度。

面对津山暧昧的态度,久仁子举棋不定。不久,札幌处处洋槐盛开,转眼又是丁香时节。久仁子终于失去耐心,回到家乡钏路去了。

四

时隔四个月,十月初,久仁子突然造访了津山。

离开札幌后,久仁子每月有两三次来信,所以津山大概知道她在钏路的生活。

久仁子在信上说她除了学习插花、茶道之外，其他时间便闲着。而做药材生意的父母希望她早点结婚，不断地安排她相亲。

对久仁子的来信，津山大概收到三封时，才写一封回信，大致说些札幌发生的事，再就是说说去农村当老师的野村，对感情上的事只字不提。

就在这时，久仁子突然来到札幌。

"吓了一跳？"

"你怎么不先来个电话，我昨天才从小樽回来呢。"

津山手忙脚乱地从房间一角拿出坐垫。

"我想好了，一定要来一次，不管你在不在。"

久仁子将手提包放在一边，双手齐齐地搁在膝盖上，正襟危坐着。

"今天我来求你一件事。"

"什么事，这么严肃？"

多日不见的久仁子身穿一条褐色连衣裙，胸前带了胸花，头发朝后梳起，比在札幌时显得成熟不少。

"我接下去说的话，你一定得当真听着。"

"这可不好办，有的话能听，有的可没法听。"

"你只要有心，一定做得到。"

"好了，好了，你到底想说什么？"

"那我就说啦。"久仁子重新坐坐正，闭上眼睛轻轻地咬了咬嘴唇。

"我想请你对我动手。"

"动手？"

"是，让我不再是处女。"

一瞬间，津山觉得久仁子疯了。但久仁子显然是认真的。

她低着头，双手端放在膝盖上，犹如一个等待斩首的囚犯。

"你这是怎么了？"

"我下星期要结婚了，反正要失身了，在这之前，我想把自己给我喜欢的人。"

"可是你……"

"不用说了，那个人我不喜欢。"

久仁子直瞪瞪地看着津山，津山一时间不知所措，像是被施了魔似的怔住了。

"就在这里，你动手吧！"

津山被镇住了，看似稚气的久仁子不知从哪儿冒出来的勇气。

"你这是当真？"

"我不是随便说的。"

久仁子低着头，头发朝前垂着，露出细长的脖子。

也不知为什么，津山一而再三地挠着头，站起来，坐下，坐下又站起来，这样来来回回几次后，最后慢慢地挪到久仁子的边上。

"真的，你想好了？"

"是……"

"那好吧。"津山心里依旧有点犹豫，慢慢从壁橱里取出被褥。

正如久仁子说的，她还是个处女。

在津山进去的瞬间，久仁子仰头轻轻呻吟了一下，随即紧锁眉头，咬住嘴唇。

就那样，久仁子紧闭双眼，不敢错过每一个感觉，双手紧紧地搂住津山的肩膀。

有过多次经验的津山倒显得有点紧张。"痛吗？"津山问，当他确信无疑地看见久仁子摇头，才敢小心翼翼地继续前进。

久仁子这个北国姑娘全身皮肤洁白如凝脂，然而此刻津山顾不上细看了。

终于，津山再也无法按捺，他死死地抱紧了久仁子，任凭自己破竹而去，久仁子那纤细的手腕不由得也搂紧了他。

八张榻榻米大小的房间里，只有一盏台灯发出昏暗的光线。

当津山平静下来，侧身拥住久仁子时，津山终于明白久仁子是这么地爱着自己，在她看似温顺朴实的外表下藏着比谁都倔强的个性。

要是可能，津山真想就这样把久仁子留在身旁，等待合适的时候再和她结婚也未尝不可。虽说当初是在舞厅相识，他并没当真，但像久仁子这么率真、纯洁的女孩今后怕是很难再遇见了。

"我这一辈子都不会忘记你。"久仁子脸紧贴在津山的胸前说。

"我也不会忘记。"津山这次是认真的。

可是，一夜之后，津山还是下不了决心就这样和久仁子在一起。自己还年轻，收入也不稳定，况且久仁子已决定和那男人结婚，这时他不想再让她动摇。再说，就这样和久仁子结婚的话，野村他们一定会笑话。津山不愿意被人认为他是个很容易让一个女人拴住的男人，这种形似清高，故作姿态的念头令他迅速冷静下来。

五

津山到的那天，钏路真可谓秋高气爽，蓝天白云，让他觉得不虚此行。

津山和浦本坐上书店来接他们的车，从靠近阿寒的机场往钏路市内的O宾馆驶去。

"演讲会两点开始，然后五点半举行签字仪式。"

胖乎乎的书店老板把定下的日程又说了一遍。

"您是第一次到钏路吗？"

"很多年前，还是做学生的时候来过一次，那以后就再没来过，一直想来看看。"

不知何故，津山说得非常自然。

"那太好了，晚上让我带你去看看钏路的美女。"

车子在平坦的大道上行驶着，周围一片辽阔的原野。从车上看去，右边是大海，那是太平洋，原野便是根钏原野。这根钏原野其实是一望无际的湿地，冬天大地冰封，所以湿地只能生长杂草和灌木，而且只能长到半人来高。

"那边是J和H造纸厂。"

在一望无际的原野上，忽然呈现出一些楼群和高高的烟囱，烟囱里吐出的白烟，在秋天碧蓝的晴空里划上数条笔直的白线。原野的尽头是连绵的丘陵，再往前，依稀可见阿寒连峰。

"现在正是钏路最美的时节，夏天因为海上雾浓，很少有晴天，秋天可是爽朗得很。"

道路两侧的房子慢慢多了起来，望着渐渐接近的钏路，津山想起井浦久仁子。

在那夜分手后，久仁子再也没有来信。她说一周后结婚，想必一定结了婚。

她只说男方是钏路人，至于名字和职业，津山问了几遍，久仁子都没有告诉他。

掐指算来，已经过了十六年了。

回忆起那段岁月，津山有怀念，但更多的却是羞愧。那时候的自己几乎染上了所有的恶习，可谓五毒俱全。所有这一切都枉费了自己的青春，干的尽是些自以为是，毫无意义，伤害别人的事。对久仁子就是这样的，尽管最后是她主动要求的，但不能否认，在这之前自己玩弄了她的感情。

津山年近四十，开始意识到自己年轻时所作所为的羞耻，那段历历再目的往昔，令他不忍回眸。

久仁子的的确确是说了：我想把自己给我喜欢的男人。既然她送上门来，何乐而不为呢，但自己的作为事实上却深深地伤害了她。当初自己怎么就没替久仁子着想呢。

十多年后的今天，津山终于切切实实感悟到，久仁子的善良和她的伤痛。

时光流逝，津山对往日的感情反而变得敏感起来，这或许有点奇怪，但时间的冲洗，让津山终于可以站在客观的角度去体验人生的所喜所悲。

"这里就是市中心。"

眼前，左手是超市，右边是个公园。一片片的白桦树，再向前便是住宅公寓楼群。

久仁子现在就生活在这里吧。久仁子比津山小一岁，十六年前她二十一岁，那么现在应该三十七岁了。按理，她可能已有两个孩子，大的兴许都上中学了。丈夫如果在公司任职，论年龄也该是个科长，仕途顺利的话可能当上部长了。

津山到钏路来的事，听说已上了报纸，那么久仁子也许已经看到了。她也许会躲开丈夫，把那段新闻反复读了几遍。她一定没有料到当年倾慕的男人，自己甚至为他奉献出初夜的男人，在年近四十的时候竟然会到自己的家乡来开演讲会。所以，久仁子大概比津山更感到困惑和不知所措。

车子驶上一座桥，这时，一股浓浓的海腥味飘来。从阿寒连峰流下来的阿寒河在这里奔腾入海，码头就在前方。车子过了桥，穿过车站前的市场到达了O宾馆。

演讲会两点开始，设在市立图书馆的大会议室，由书店和文化协会共同主办。会议室大约可容纳二百来人，那天基本都坐满了听众。可能是时间关系，听众中职员模样的人很少，基本上是些家庭妇女和学生，对于白天的演讲会来说，就算不错的盛况了。

津山的演讲是以"我和小说"为主题的，他说了说自己开始写小说的冲动，以及对青春时代的回忆。

津山一边讲话，一边想，久仁子也许就在下面的听众席里吧。他在众多的听众中寻找着中年主妇模样的人，但女大十八变，仅仅凭他记忆中久仁子那脸色苍白的印象是难以确认的。

演讲会结束后，津山在休息室和市文化组织的成员又聊了一会。他抱着一丝希望，希望久仁子会出现在他面前。可惜，最终只有两位年轻女读者拿了书来请他签字，除此之外，再也没有人进来找他。

从图书馆出来，津山回宾馆房间稍作休息，心里依然期待着。

下午两点这个时间，正是孩子要放学回家的时候，当主妇的久仁子很难出得来，但傍晚四、五点那会儿，借口买东西的样子出来，谁都不会注意。至于津山住的宾馆，只要问一下书店或报社，就可以打听到的。

津山隔着窗户望着钏路的市容，在不高的楼房尽头是一条河，河岸上停靠着几艘挂着五色旗的捕鱼船。听书店老板说，在横跨钏路河的币舞桥上看夕阳西下，是日本屈指可数的胜景。眼下，这座位于日本最东面的城市，夕阳西斜，远在天际的大海和夕阳辉映成通红的一片。

如果站在桥上，可以迎面看见夕阳，不过，今天从白天起，天空就被淡淡的雾霭笼罩着，夕阳在雾中变得不那么透明了。

"差不多该出发了。"

浦本来了。津山重又系上领带，前往书店。书店里早有读者等着了，所以，签名会提前十分钟开始了。津山先要写上读者的名字，在读者的名字旁边再签上自己的大名。

店员事先列了一份买了书的读者名单，津山在那纸片上寻找着久仁子的名字。久仁子结婚后，应该已经不用她"井浦"的旧姓，但"久仁子"是不会变的。

津山仔细地不放过每一个女人的名字。可惜，没有久仁子，中间有一个和"久仁子"一样读音的名字，他抬头一看，站在前面的根本不是。

签名会刚开始时客人很多，津山马不停蹄地签着名，但过了三十分钟左右，慢慢稀稀落落起来，一小时后便结束了。

久仁子最终没有出现。

当津山在书店的会客室喝茶休息时，不觉有点失望。

"您辛苦了……"

"哪里……"

"走，我们一起吃饭去吧。"

在书店老板的带领下，津山和浦本来到一家日式料理店。那家店位于山上，可以望到海景。端上桌来的螃蟹、扇贝都是大个头的，一看就非常新鲜，在东京是很难有口福尝到的。可津山却一点都提不起劲来。

还在东京的时候，津山没想过要去见久仁子。十几年前，这个曾留下苦涩回忆的地方，如今怎么还好意思厚着脸皮跑去呢。

在浦本的一再劝说下，津山才改变了主意。他想，去一下也好，让自己重新反思一下以前的劣行。事实上是他伤害了久仁子，如果能重逢，他希望自己能像当年的久仁子一样直率，老老实实地向久仁子道歉。

当津山到达札幌后，这些念头变成了一个简单的心愿，那就是能见到久仁子，让他能看她一眼，这个和自己的过去、自己的青春紧紧地纠葛在一起的女人。津山变得迫切起来，他想见到她，和她一起共同回忆往昔。

"有点起雾了。"

店里的女招待拉开纸拉门，原本可以一览无余的钏路港夜景，此刻便得朦朦胧胧，只有灯光在雾中被恍惚地放大了。

津山出神地望着雾中的灯光，也许，久仁子已经不在钏路。十六年漫长的岁月足以让一个公司职员换了几处地方，久仁子可能已不在钏路，这么简单的可能自己怎么就没想到呢。

"我们到外面走走吧。"

三人结伴向市中心方向走去，他们沿着山坡往下走，再朝左一拐便是大桥了。傍晚时分还可以在桥上看夕阳，而此时，海上的雾飘了过来，雾气围绕着桥灯，冒着袅袅白烟。

渐渐地，雾大了起来，打湿了身上的衣服。是到了该穿风衣的季节了。

他们一行又转了两家酒吧，这才酒酣耳热地回到宾馆，已是将近十点了。浑身上下都被雾打湿了，身上的海腥味儿阵阵袭来，津山想赶紧冲个澡。

"是津山先生吧？有留言给您。"

津山到前台取房间钥匙时，总台的服务生递给他一张纸条。津山醉眼蒙眬打开，纸条上写着：

"今晚八点我来过宾馆，可是你不在，我就回去了。晚上十点我再给你打电话。井浦久仁子。"

津山的醉意一扫而光，他急忙乘上电梯。

"有什么急事吗？"

"噢，不是很重要的事。"

津山敷衍着回答浦本，出了电梯，立刻回到房间。

他解下领带，脱去西装，刚点上一支烟，电话铃便响了起来。

"喂，有外线找您。"总机说完后，电话那头静了片刻，津山屏息凝神地等待着。

"喂喂。"

"能听出来吗？我是井浦久仁子。"久仁子的声音一如往昔，干脆利落。

"刚才我去宾馆了。"

津山想，终于可以见到她了，千里迢迢跑到这边远小城，总算有了一点结果。

"被书店拉去喝酒了，早知你来的话，我就早点回来了。"

"我想去看看你，可惜没能遇上。"

"这会儿不方便出来了吧。"

"太晚了,已经十点了。"

"你住哪里?"

"在千岁町,就是春采湖的方向,不过再要下去不少路。"

"你明天有时间吗?"

"下午的话没问题。"

"下午……我已订好十一点的飞机回去。"

"那么早啊。"

津山点点头,下了决心开口问道:

"你这是从家里打来?"

"是啊。"

"你丈夫呢?"

"就在这里。"

"就在边上?"

"对,在边上看电视呢。"

津山大跌眼镜,他弄不清久仁子是怎么想的,居然在丈夫眼皮底下打这样的电话。

"我丈夫可是你的忠实读者,还是我推荐他看的呢。"

"你丈夫做什么工作?"

"开药房的。"

"卖药的?"

"你要是喝多了,胃不舒服的话可以找他。对了,你这会儿上我家来吧。"

"……"

"我想让你见见我丈夫,他可是个性格开朗的人,和你一定合得来。"

"你有孩子了？"

津山越来越弄不明白久仁子的心思了。

"三个孩子，大儿子上中学，下面两个女孩，一个上中学，一个在小学。今天我还带着最小的那个去宾馆了呢。"

"……"

"对了，明天的飞机不能往下延一班吗？这样，中午和我全家可以一起吃个饭。"

"航班改不了……"

"可是，时隔十六年啦，也不知你下次什么时候能再来？"

"是啊，那么你幸福吗？"

"托你的福，虽说是在这偏僻地方，住惯了也不错。"久仁子说着哈哈大笑起来。"对了，明天真的不行吗？"

"我还要赶回去。"

"太遗憾了，那么，要是航班能延的话，给我打个电话，我等着。"

"哎。"

"见到野村他们了吗？"

"没有。"

"也不知大家过得可好？"

"应该挺好吧，那么就这样了……"

"你这就要挂电话？"

"你丈夫会不高兴的。"

"他才不会呢，对了，要不要和他说几句？"

"不用了，你多保重。"

津山放下电话。床上，堆着他刚刚脱下的西服、领带。

大雾警笛从远处传来。

津山站起身,拉开窗帘朝外望去。宾馆的内院大雾弥漫,那白色的雾气在灯光下涌动不息。大雾从海上飘来,慢慢地、不折不挠地,充彻到大地上每一个空间,每一处缝隙。

我的性生活

一

"你听说过《性生活》吗?"

眼看快到截稿日了,我依然无从落笔,于是急得走投无路,无奈只好逢人便问。

在两天之内,我已问过六个人。其中,两人是办公室小姐,两人是中年男职员,另外两人是做编辑工作的。每个职业正巧分别是两个人,这倒不是我一开始就有意计划好的,只是事后一数,才发现竟然这么凑巧。

那么,现在我将得到的回答记录在此:两位女孩中一位稍年轻的二十一、二岁,漠然地回答:"不清楚。"而另一个略微年长,二十七岁,她一边揣测着我问这问题的真实用意,一边诧异地看着我:"那不是森鸥外写的吗?"

接着是中年职员,这两位都是上过大学的,其中一个在N商社当股长的答道:"你说的是什么呀?"接着他又像想起什么似的问我:"你不会又在胡思乱想些什么吧?"说完,他别有用心地笑了起来。另一位是在高中教社会学科的老师,他微微点了点头,回答道:"那是森鸥外的作品吧,写了有关性的觉醒。"

至于两位干编辑的,一个二十八岁,另一个三十三岁,被我问后,两人同时紧盯着我,像是要探究出我问这个问题的真正的用意似的。

"我要写一本《我的性生活》的小说。"听我这么说,他俩同时点头:"噢,挺有意思的。"

"所以,我想知道这个《性生活》。"

"是这样……"

"到底是什么呢?"

"这还确实是个问题。"

当然,他们应该早就知道森鸥外的作品中有一个同名的《性生活》,但因为我问得郑重其事,令他们不敢确信,觉得"有一篇小说和这同名"一定不是我要的答案。

"森鸥外有一部叫《性生活》的小说。"没办法,我只好自己说。

"这不就行了吗。"

"不是行不行,但那只是小说的题目而已。"

"是啊。"

"和小说无关,我想知道这个小说题目,那个拉丁语的本身的词意。"

"被你这么一说,这词还真有点怪怪的。"

"这个词嘛,确实让人有点似懂非懂。"

谈话在这里又进了死胡同。

想想,这事的确有点怪诞。一般有点教养的人(这话听起来有点刺耳),你问他《性生活》,他大概都知道这本书,可是你再问他"这个题目的拉丁语到底是什么意思?"那他就一头雾水,不知所云了。

在他冥思苦想之后,最后他会说:"那是森鸥外小说中所描述的,青春年华,情窦初开……"除此之外他便不得要领了。

这时候,我便卖弄地说,本人上医科大学时在学德语的同时稍稍还学了一点拉丁语,我想搞清楚的是小说题目的拉丁语"VITA SEXUALIS"的真正意思。

其实,如果只是想知道这个词的真正意思,那么查一下拉丁语字典,就能找到。我曾查了一下,实在是个普通而单纯的词汇。而我的目的是想让大家了解这个词汇的真实意思,揭掉它神秘的外衣,把它从森鸥外的那个"VITA SEXUALIS"这句咒语中解放出来。

这实在是件令人愉快的事,胜过我拟下《我的性生活》这个题目更令人击掌欢呼。因为在过去的近半个世纪,《性生活》堂而皇之地藐视日本文坛和整个社会,而我,将把这个令人摸不着头脑,披着神秘外衣的词抖落到光天化日之下。

这事就如同那些摆在国会上讨论的事,待你仔细一听,那水平还不如孩子们的研讨会;相扑裁判员的慎重审议,一旦从麦克风里传出来时,没想到是如此幼稚;"VITA SEXUALIS"也一样,一旦被译成日语,竟然是如此平凡。

那么,就让我们来看一看,这个原本普普通通,却摆出让人顶礼膜拜姿态的"VITA SEXUALIS"吧。

二

今天,我不会再说森鸥外的《性生活》好无聊乏味。第一,我开始读这本书是在高中一年级,因为太枯燥,读了一半就被我扔在一旁,再也不想看下去。所以,现在也没必要说它没意思。

也许,再早一点,在中学一、二年级时我读到这本书的话,倒可能会被打动。那样的话,现在回想起来,兴许会被我贬得一钱不值了。

总之,《性生活》在明治末期也许是一本轰动一时的小说,但对经历了战后的混乱,男女同校的我来说,这本书实在是太枯燥,太装腔作势了。我之所以会这么认为,最大的原因是我只注意小说的故事情节,又加上了我自以为是的理解,更不能否认的是时代不同了。

当年我读高中一年级,觉得这小说实在太枯燥,无法读下去,那么,如果让现在的高中一年级学生看这本书,他们也许会觉得太可笑,以至于捧腹,也可能会讥笑这作者是多么幼稚啊。

我们暂且不谈这些,我的问题是"VITA SEXUALIS"这个词本身。

森鸥外的《性生活》是以这样的文字结束的:

金井君拿出毛笔,用拉丁语在封面上写道

VITA SEXUALIS

书毕,把它扔进了那堆书里。

在森鸥外的这本小说中出现了多处德语。是因为写到性,所以用德语来隐晦一下吗?可又不尽然,森鸥外不仅仅是在涉及到性的地方用了德语。就像当医生的,会时不时冒出几句德语一样。

VITA SEXUALIS 一定也是这样的。

既然把这个词当作小说的题目,我想,一来是这个词多处出现在小说中,二来一定没有比这个词更理想的题目吧。

于是这个拉丁语摆出一副知识渊博的样子,让人有点望而却步,我既然谈到这篇小说,那就得解释一下。

VITA 改用英语说的话,就是 LIFE 的意思。

那么众所周知,LIFE 即生,生命、生活的,有时也可作生涯的解释。

LIFE 的反义词是 DEATH,那么也就是说和死亡正相反,LIFE 即生机勃勃,充满了生命的东西。

这些都可以从 VITA 的词源中查到,那么 VITAL 是个形容词,意为生命的、活生生的,从这些意思中可以引申到生命中必要的,不可缺的。进一步更可理解是给予生命力的,至为重要的,在诗歌或文言中,它的含义也可能是赋予你生命。

VITAMIN 维他命正是从这个词衍变出来的,生命中不可缺的、让你充满活力的元素。

无须重复 VITALITY 也是从 VITA 派生出来的名词。

由此你可了解 VITA 的词义中含有生机、活力、有生气。

另一个 SEXUALIS 是拉丁语的一种形式,在名词后面加上 IS,意为性的、性感的、生殖的等等,很简单易懂。

这样的话,VITA SEXUALIS 的词义就明明白白的了。

所以 VITA SEXUALIS,就是性的生涯、人类的性、性生活、性的活力。

我不清楚森鸥外是怎么看待这个"VITA SEXUALIS",并将它作为小说的题目的。但从小说的内容推测,用"性的生涯"、"性生活"来解释是比较妥当的。

但是,森鸥外从六岁接受性启蒙,到二十一岁结束性生活,从这个意义上讲,这本书起名为"我的前半生的性"或者"六岁至二十一岁的我的性生活"也许更为确切。

总之"VITA SEXUALIS"这个看似深奥的词,译成日语也就是"性欲生活"或"性生活"。

而这些词,如今的人们都有点听腻了,不用森鸥外提出来,原本就明白。

再说,既然是"性的生涯",那么就不一定只写情窦初开,或者幼时的性朦胧,那只是人们生涯中的一半,和"性的生涯"的意思相悖了。

不知是森鸥外先生的高明还是狡猾,也可能是他怕被大众检阅,森鸥外在《性生活》中,对二十一岁以后的性只字未提。既然是写关于性的,那么从中年到老年这段时期是性生涯中最旺盛最有活力的时期,而少年就太稚嫩,太容易受伤。

我太多嘴,说到岔道上去了,但我的目的不是要批评森鸥外的《性生活》。

我只是想说,既然叫"性生涯",那么也没必要像森鸥外大先生那样,把少年时期的性那么浓墨重彩地来写。

我觉得,那部作品只是"性生涯"的引子罢了。但如果题目是"VITA SEXUALIS",那么没完没了,长篇累牍地写性生活也是大可不必的,因为正如前面查证的那样,它包含了其他更为广泛的含意。

比如,可以解释成性的活力,性的欲求,这种译文可能更有吸引力。

总之,但凡和性有关的都可以包容在内,从性的好奇,性冲动,性行为,性的结果,性思想,都在"VITA SEXUALIS"之内,而且这个词没有年龄的限制,从一岁到八十岁之间发生过的,有关性的事情都可以归纳在此。

所以,不要因为是森鸥外先生写的《性生活》而觉得那么深奥神秘,这是你们自己制造的假象,而事实上"性生活"本身是非常单纯,非常普通的。

我的开场白过于冗长了,但凭借这开场白,让我拂去了一点森鸥外大先生的影子,减少了一点压迫感。那么从这里开始,我要写我自己的"性生涯"了。

三

在我的"性生涯"中,如果要让我说出一个,对我至为重要、举足轻重的女性的话,那么我毫不犹豫地要提到宫野乃夫子。

请别误会,这并不是说她就是我曾经最爱,或是最不能忘记的女性。

听我这么说，我想在读者中一定会有人反驳：一个男人"性生涯"中最重要的女性，那当仁不让地应该就是他最深爱的，最难以忘怀的女性。

当然有些时候二者是一致的，但通常二者又是似是而非的。对于那些曾经和数个女性有过深交的男人，应该可以领会这种差异。

在男人一生的性生涯中占据了最为重要位置的女性，往往不是他最深爱的女性，这是男人的特征，而在女性并不多见。

对女性来说"性生涯"中最为重要的男性，通常是她最深爱的男性。女人的爱情是伴随着性得到深化，这就是所谓女人的爱是生理性的理由。

比如，最初令你痛苦，讨厌的对象，随着快感，渐渐变成你所喜欢的对象，这种显著的变化，对男性来说是不可能的。

男性的性感本身，自慰也好，性交也好，在本质上没有什么区别，反而自慰的话少了烦琐的手续，可以准确地刺激关键部位，有些时候比和半拉子的女性来得更好。这就是尽管土耳其浴室被女性们嗤之以鼻，但依然能够红火的佐证。

也就是说，对于男人来说，尽管和形形色色的女人有染，但这不等于那个女人从性到精神对他都会产生影响。男人可以做到性就是性，精神就是精神，两者完全可以互不相干地存在。

再进一步说，因为不同女性的影响，男人的性质量得到一个飞跃也是不可能的。性过程中渐渐得到快感，直达高潮的顶峰，这令人眩晕的一瞬间，稍纵即逝。男人获得这短暂的快感，这种生理现象对中学生小伙子也好，中年男人也好都是一样的，可能人过中年，男人在生理上的快感还会下降。

有人说，男人因为女人而知道了性，这只是说男人知道了各种各样的性的方法，性感本身在本质上没有变化。诸如此类，皆为性技术，而和性感的深化无缘。

我这么说的话，可能会被质问"按照你的理论，不管如何具备性技巧的女性，对男人来说仅仅是性技术教育者，或者辅导员而已，在增进快感上毫无帮助。那你还说什么最重要的女性？"

正是这样，充其量只是个技术指导员而已，当然方法上各施其政，不尽一致，但没有实质性的区别，仅仅是一个性伙伴而已。

但是，在芸芸众生中有一个女人不同，在许多男人的"性生涯"有一个女性举足轻重、至关重要。

日语中有一个词叫开眼，意思是女性在某一个晚上，突然感受到了性的快乐，这一瞬间叫做女体开眼。

有时候，一些马大哈的人以为，女人不再是处女的瞬间就是开眼，这完全是错误的。

"女性并不是在她不再是处女的瞬间成为真正的女人，而是在她体验到性快乐的瞬间成为女人"。

所以，不懂得性快乐的女人不是一个真正的女人，仅仅是一个女性而已。希望大家不要误会。

可是，男性也有开眼一说，和女性一样并不是指男性最初失去童贞的时候，男性丧失童贞比起女性失去贞操是更不值一提的。

男人有一天突然发现原来女人也喜欢性，也同样好色，这时他会大吃一惊。男人总以为，在青春期男人才有性需求，男人骚动难耐，女人只是勉强迎合，而女人是不会主动要求性的，她们清心寡欲，一副纯洁的样子。

突然某一天，男人会吃惊地大跌眼镜，他们终于明白这种想法原来是自作聪明。女人和男人一样，对性有渴求，因为性而愉悦，这种欲望甚至比男人更为强烈。

当男人意识到这一点，受到的震撼是难以想像的，他们几乎神经错乱。

这也难怪，女人是讨厌性的，二十多年来自己坚信的东西，突然从根本上被颠覆了。

和这种震撼相比，男人在失去童贞时受到的小小惊吓实在算不上什么。

从这时开始，男人便开始了在"性生涯"中艰难的跋涉。

既然女人在性过程中能体验快乐，那么他自然认为"让女人愉快的是男人"，这个念头渐渐演变为"不能让女人愉快就不是男人"。男人的这种思维最终上升成"我该怎么做才能让女人高兴"。从此两性关系中出现了男人为女人奉献，并隶属于女人的现象。

即使到了这个关头，男人还没意识到眼前的女人就是他要战胜的对象，他依然把目标锁定在围绕在这女人周围的男人身上。

所以这世上就会有男人，为了博得一个女人的欢心，而忘我地投身于同她周围的男人展开争夺。

对男人而言，没有比这性的战争更激烈更严酷了。因为这场争夺战和地位，家庭背景，经济基础毫无关系，这是男人一个人的战争，没有比这更赤身裸体，孤军奋战的战斗了。

更何况，一旦败北，那对男人来说将是致命的，因为没有援军，他只能背水一战，所以一旦败下阵来，便很难重整旗鼓。

在原始社会，男人就是凭借这雄性阳刚来决一胜负的，并根据这个论资排辈，这种区分强者和弱者的规则是如此简单，明了。

而在现代社会，许多男人对这样以性的优劣来论资排辈表示轻蔑，觉得太低级，太像动物了，女人们也皱起眉头说："我们可不是动物。"

但种种迹象表明，事实和这些话恰恰相反。在人们的心目中，这样的论资排辈已被默认,这种认同已经深深地埋在内心,很难觉察,只在偶然的一瞬间露出庐山真面目。

举个例子,男人之所以会鬼迷心窍,色迷迷地拿自己的阳具和别人的比较,然后或喜或悲,证明他们非常在意这样的排列。另外,女人们悄悄地翻阅有关性知识的书,然后一边浮想联翩,一边偷偷叹气,最终以性格不合为借口而要求离婚,也是她们看重性生活的佐证。

诸如此类,不需要旁人说教,男人们便知道,这场性的战斗,和现实生活中的地位、金钱一样的重要。

然而这场战斗的胜负,不是男人与男人的对决所能得出的,它的输赢胜负是以女人为媒介,凭借女人的感受来做出判断,它涉及了一位定夺者。

然而这个定夺者是一个有血有肉的女人,她既贪婪,又情绪化。她时而非常公正坦白,时而却谎话连篇;有时她实事求是,有时却颠倒黑白。

即使这样,定夺者只有她一个人,你不服也好,生气也罢,你别无选择,只有听凭她的处置。

从这个意义上说,男人一生中第一次遇到的定夺者,这个女人对他的"性生涯"具有至关重要的意义。再夸张点说,"男人的生杀大权,全在她手上了"。

在性的战争中受了伤,败下阵的男人们,全都是无法经受她的验证,是她的受过者,而能面带微笑地获胜的男人,也是全凭她获得了自信和力量。

在男人的"性生涯"中,没有比这位女性更为至关重要的了,她掌握了对他生杀定夺的大权。

在这一章开头时我所提到的女人，宫野乃夫子，对我来说便是这样一个有重要意义的女人，她是我所遇见的第一个裁判者，并在很长一段时间里对我的"性生活"产生了影响。

四

如果套用森鸥外《性生活》开头的写法，应该是这样的：

"二十四岁了。"

这一年，我从札幌一所大学的医学系毕业，刚刚当上了实习医生。

因为是学医的，对女人的生理，身体结构，我比一般人要知道的多得多，这对于一个医学系的学生来说，也是理所当然的。但如果和同级的其他学生相比，那就不敢夸口了。对于其他学科我是比较偷懒的，对妇产科却学得极其认真，从不缺课，不过其他同学对待妇产科和我同样地认真，所以就不太有上下之分了。换句话说，对于妇产科我具备了一般医学系学生同等的知识。

坦白地说，在那以前，我曾和三个女人发生过关系。一个是和我同岁的女大学生，另一个也是大学生，比前一个小两岁，还有一个是护士，比我小一岁。

我奉出童贞的，不，应该说是被夺去童贞的，是和我同岁的第一个大学生，那时我十八岁。

在认识我之前，她曾和一个中年男人有过性经验。和她交往后，我不是垂涎欲滴，就是叹着气，强忍着冲动，苦苦折磨自己。在不止一次地看见我这么折腾后，她突然开口对我说："你想要我的话，就动手吧。"

这种事情，被一个女孩子直截了当地说出来，我倒是愣住了，记得当时正在咖啡馆，我不知所措地要了一杯又一杯凉水。这时，那位女大学生站起身。

"走，去你公寓。"

这下，我那色胆，也不知被吓到哪去了，活像一头被牵往屠场的牛，慢吞吞地跟着她去了。

记得当时，我一边小心地走在残雪未融的道路上，一边心里直打鼓。我知道女人那里有两个入口，到底会不会搞错地方啊。后来学了医科，想起这事觉得自己可笑，居然还会有这种担心，不过在当时，我还真是伤透了脑筋。

如果按照鸥外的风格，在这里我应该对当时的心理做出细致入微的刻画，不过，我就免了吧。

总之，那时全凭那位同龄的女大学生操作熟练，我才算完成了任务。此事对我以后的"性生活"几乎没有产生任何影响。

我和这位女大学生持续了大概一年左右，在这期间，我没能听见她愉悦、满足的声音。

第二个女人是比我小两岁的女大学生，我和她是在和前一位大学生分手前一个月左右开始来往的。

她和前面那位女大学生一样，也不是处女了，大概是这个原因，她轻易地便答应了我，但她在性方面也不算怎么出色。如果将这两人作单纯的比较的话，我想第一个大学生更具有性技巧。

可惜的是，第二个女大学生面对的是一个刚刚失去童贞的男人，他只是心急地重复着单调的行为，所以尽管她感受敏锐，却没能达到满足的水准。半年后，她回旭川父母那里，我们便分手了。

第三个女人是我在读医科大二时认识的，她身材娇小，一张娃娃脸很招人喜爱。她在内科第二值班室当护士,我为了能见她,自告奋勇地当上了内科临床课讲义员。

这个女孩确切无疑是个处女(开始我就这么认为,后来的感觉也证实了这一点),我非常喜欢她,不能否认,因为自己是她第一个男人,在心灵深处,我有一种自豪和满足感。

和这个女孩的性交中,我终于掌握了主动权,自己以为这下总算成了一个真正的男人,但我做的事和以前并没什么区别。

和以上这三位女性比较,宫野乃夫子却截然不同。

我认识她时,她是札幌一家叫"新城"的夜总会的陪酒女。

我当时还是一个实习医生,自己不可能去这种风俗地方,是前辈K医师把我带去的。

乃夫子在夜总会的名字是伸子,她和K医师已经相识多年了。

借着夜总会那幽暗的灯光,只见伸子穿着低胸,裙摆及地的黑色长裙,胸前戴着一朵白色花饰。她个子不高,身材苗条,眼神犀利中带着点凶相,好在她下嘴唇有点突出,这使她的眼神看上去稍稍柔和了一些。

伸子大约二十二、三岁吧,那身黑色长裙把她衬得风姿绰约。

我发现伸子笑的时候,眼睛细眯起来,那眼神实在令人销魂,可她的笑声却是嘶哑的,这嘶哑的声音和她年轻的外表实在是有太大的距离,提醒着我女人的内心真是深不可测的。

总之,我以前认识的女大学生、护士,都是普普通通的女性,伸子这种干风俗行当的女性我还是第一次遇见。

K医师和伸子亲热地边跳舞边说话,但看不出他们有什么特别的深交,说的也净是些没有恶意的玩笑话。

伸子在和他周旋之余,不时坐到我身边。

"你是实习医生？"

"是的。"我有点紧张。

"你和K先生经常一起喝酒？"

"没有，今天是第一次。"

"是吗，那以后常来坐坐啊。"

"可是……先生他……"

"啊呀，你一个人来也没关系啊，我少收你点钱。"

刚才，我觉得她有点令人害怕，但一交谈，没想到是这么个爽快的人。

"跳个舞吧？"

"我跳得不好。"

"没关系，来吧。"伸子也不管我是否乐意，拉住了我的手。我一边站起来，一边朝K先生方向看了一眼，K先生正和坐在身边的女孩一刻不停地说着什么，根本看也不看我们。

"哎，今晚我们在哪儿见面？"

"今晚？"

"对，等我下了班。"

"可……"对伸子冷不丁的邀请，我有点拿不定主意，伸子紧了紧和我相握的手。

"夜总会十一点半结束，十一点四十五分，你在这个楼对面的那家'天鹅'咖啡馆等我。"

"那K先生怎么办？"

"K先生好办，你就说还有点事，就可以脱身了。"

"那你呢？"

"我？我和他什么关系也没有的。"

伸子发出了沙哑的笑声，身子贴紧了我。

我突然心神不定起来，伸子见了我以后会怎么样？只是在一起喝杯茶吗，还是……我脑子里思忖着，想着种种可能发生的情况，下半身却不听话地热了起来。

"我们走吧。"十一点，K先生站起身，我紧随着出了店门。

"先生，欢迎下次再来。"伸子一只手轻轻拍了K先生肩一下，另一只手在我手腕上紧捏了一下。

"再去转一家怎么样？"出了店门，K说，我赶紧说要回去了。

"是吗？"K瞥了我一眼，摇摇晃晃地朝电车方向走去。"看得出，伸子对你有点意思。"

我立即否认，但K自顾自往下说。

"那孩子性格豪爽，是个好姑娘啊。"

"先生和她……"我说出心里的猜测。

"我很喜欢她，但不会去招惹她的。"

"为什么？"

"我认识她丈夫。"

"她有丈夫？"

"不算正式的吧，叫坂本，开着一家叫'芝加哥'的夜总会。"

"就是五条的那家很大的夜总会？"

"伸子这家伙，迷上了那老板，还给他生了个孩子呢。"

"她有孩子？"

"那老板可是个花花公子，现在好像和她已经分手了，但因为有孩子，应该会给伸子钱，接济她点吧。"

听到这意想不到的事，我不由得咽了咽口水。

"那老板是我朋友,我们从上小学时就认识的,所以我不想去勾引伸子。不过偶尔接触一个那样的女人,对今后有帮助。"

K像在说别人的事似的,轻轻笑起来。

在约定的时间,伸子出现在"天鹅",她一进来便看手表,然后说,走吧。我刚想问去哪里,伸子容不得我问,已拿了账单往门口走,她付了钱走出店门,立即扬手要了辆出租车。

"中岛。"

我知道中岛是情人旅馆集中的地方。

"今天晚一点没关系吧?"伸子的手从坐垫上滑过来搁在我膝上,被搁着的地方热乎乎的。

"好久没做这种事了。"伸子声音沙哑地说,我踌躇着不知怎么办。

伸子以前的男朋友是薄野有名的花花公子,曾经和这样的男人恋爱并有关系的女人,我到底能够让她满足吗。伸子一定充满期待,希望我会像那个男人一样给予她快乐,而我至今为止只有三个女人的经验,况且还都是些不谙性事的女人。如此经验不足,对男欢女爱毫无技巧可谈的我,能为深谙此道的伸子做什么吗?

我越想越没了信心,让伸子大失所望的话,对我来说,刚想大胆尝试的冒险,在一夜之间就寿终正寝了。况且还要承受她蔑视的眼神:真不如我以前的男人。这真是太难堪了,要想不遭遇这样的滑铁卢,趁早就别跟着去了,现在走人还不至于最后遭她唾弃。

也许你们会笑话,男人考虑问题竟是这么幼稚。可事实上,男人年轻时对待性,可是当作头等大事来做的。

正如我刚才所说的,在这里,我是考生,而伸子就是考官。

回去吧,错失良机,更何况还有"不接受女人的调情,是男人的耻辱"这一说呢，反正伸头一刀，缩头也一刀，那就听天由命吧。我承认自己比那个花花公子坂本稚嫩，我也不是情场老手，但伸子也应该知道这些，既然她知道还要和我调情，那么，只要我还能做男人最起码做得到的，她就不会失望吧。

可是，万一连这都做不到呢，当场败下阵来的话，那可是惨不忍睹的。那就不是没法再见伸子，就连K都没有脸面再见了，既然这样，那还有没有必要去冒这个被大家耻笑的险呢。

我看了看周围，车子上了桥，夜色中河面泛着亮光，过了桥便是中岛了。准备开溜的话，必须快点说了。

可不知为什么，我的嘴像是被冻住了似的，身体也像是被伸子的一根手指施了魔法，动弹不得。

这以后的事，我记不太清了。

当我那怯生生的东西战战兢兢地探出脑袋时，我想，千万不能错过机会了，于是慌慌张张地闯了进去。

"进去了！"

一时间，我横冲直撞，使出全身的力气，不停地做着全身的运动，直至最后。

那时的我，就是一只雄性动物，全身心地为她做出奉献。

渐渐地，她这个绝对支配者和定夺者，发出了深层的、涌泉般欢愉的叫声，这是我第一次听见，一个女人变成野兽的声音。

这声音既令我吃惊，又令我鼓舞，我再次鞭策着自己。

"你，太棒了！"

完事后，伸子躺在床上，手指轻轻抚摸我的胸口，笑了。伸子笑靥如花的脸是对我这一夜竭尽全力的褒奖吧。

五

这以后,我和伸子的关系维持了五年,直到她有了另一个为她效劳的人。

可是今年春天,时隔六年我在札幌的G宾馆和伸子重逢了。伸子打扮得非常稳重,外表和那些贤妻良母的太太们没有任何区别。她手上捧着点心盒,说刚才去参加独生女儿学校的义卖了。

我们顺其自然地来到宾馆房间里,重温时隔六年的感觉。

完事后,伸子脸颊桃红地对我说:"还是你好啊。"

"你现在的丈夫很爱你吧?"

"可总是不那么协调。"

"我好像也是和你最有感觉。"

"看你,多会哄人。"伸子像以前那样用她的细尖指头抓着我的手腕。

"我早就想问你一次,第一次和我上床时,我真的有那么棒吗?"

"第一次?"伸子眼睛望着窗户,回忆着,不一会儿眯着眼笑道:"应该说是一般吧。"

"到底还是以前那个夜总会老板好喽。"

"那当然,没人能胜过他。"

"那你那时为什么要对我说,太棒了?"

"我有这么夸过你吗?"

"你对我说,'没有比这更好的了。'你忘了?"

我看着她,伸子认真起来。

"我一般对男人都是说'真好',所以大概对你也那么说了。"

"那么其实不怎么样的话，你也说不错？"

"太差劲的当然除外，对那些还说得过去的，我觉得说不错比较安全。"

"安全？"

"是啊，这么说的话男人就有了自信，有了自信，男人便越战越勇，所以一定要夸他，这样，男人真的会很棒，结果当然是我受益啦。"

"这么说，我也是被你这一手中招了。"

"可以这么说吧。"

"你这家伙，还有这种心计。"

"可托我的福，那以后你才会自信地和各种女人交往啊！"

"连你这样的高手都征服了，我一定是不错的，这种想法是有过的。"

"那你还有什么可抱怨的，你该谢我才对。"

"是吗……"

"那当然，因为我，你作为一个男人才有了自信。"

"这话倒没有错。"

"要不是我，你现在也许还在被自卑折磨着呢。"

"的确，是你的功劳。"

我在伸子那有了细纹的额头上轻轻一吻，走出了房间。

我的"VITA SEXUALIS"就写到这里了，不管这个拉丁语该怎么翻译，伸子对我来说曾经是一个举足轻重的存在，这一点，是不容置疑的了。

飞往巴黎的末班机

一

十二月，阿姆斯特丹早早就天黑了。

白天，整个城市被白茫茫的雾气笼罩着，到了下午四点左右，天色已暗。这时，路灯亮了，家家户户的窗口也亮了，这灯光似乎是不约而同地亮起来的，让阿姆斯特丹瞬间沉浸在万家灯火之中。

靖子的目光从办公桌上那一堆单据上移开，眺望着渐渐黑暗的街道。

从她坐的位子往外看，办公楼的前面是铺着石板的马路，马路上有轨电车来来往往，路的对面便是商业街。

商业街上的房子清一色四层高，底下一层全部是商店。商店一家紧挨着一家，每家店都把橱窗布置得犹如女人的首饰箱，珠光宝气，光彩耀人。从楼顶垂下的霓虹灯饰在橱窗左右两侧镶上了华丽的灯柱。

在荷兰，十二月二十五日的圣诞节，人们都是在家互祝平安，静悄悄地渡过的，至于互赠礼物，那是在十二月五日，那天是圣尼古拉斯的生日。平日的商店街是没有霓虹灯饰的，眼下布置得如此隆重漂亮，是因为还有三天就是圣尼古拉斯的生日了。

霓虹灯在夜色的映衬下耀眼夺目，靖子呆呆地望了一会儿街景醒过神来似的，目光转向办公室内。

这间办公室位于三楼，面积按照日本式的算法，大概为二十坪(注：一坪为3.3平方米)。办公室的中央放了三个人的办公桌椅，靠里面一角是支店长的大办公桌，桌前摆放着接待客人用的沙发。

这里是日兴物产设在阿姆斯特丹的支店，支店一共有四人。支店长松崎是日本人，做营业的汉克、秘书兼打字员约翰娜都是荷兰人，再加靖子。

靖子负责处理支店进货和出货的单据。靖子到支店上班前,曾在阿姆斯特丹的朋友那里住了三个月,但总不能一直寄居在别人那里,就在这时她听说这家支店需要用日本人,靖子正中下怀,她便来应聘,以当地录用的形式被录用了。

靖子曾在日本私立R大学英语系学习英语,大学毕业后又学了英语口语,在来阿姆斯特丹前,她独自在欧洲闯荡过两个月,所以没有语言上的困难。

靖子不会说荷兰语,但好在荷兰人大部分都会说英语,而且工作上的资料用英语就足够应付了。当然她不能像约翰娜那样会英、德、法、荷四国文字,而且说得非常地道,靖子也不会打字,所以就被安排处理单据这样较简单的工作。

刚才被松崎叫去的约翰娜,回到靖子旁边的座位,开始打字。汉克下午外出后一直没回来,办公室里就松崎和她们两人。

靖子望了一眼正面墙上的钟,又低头看了一眼自己的手表。

墙上的钟显示四点十分,手表上已经是四点十五分了。

"现在几点了?"听见打字声停了下来,靖子问道。约翰娜转过头,又看一下自己的手表。

"四点十五分。"

"谢谢。墙上的钟慢了吧?"

"你四点五十五分可以走啦。"约翰娜耸了耸肩,她怕松崎听见,把声音压得很低。

约翰娜是个很阳光开朗的女孩,刚二十二岁,比靖子小三岁。她是个典型的荷兰姑娘,一头棕色头发,个头高挑。一年半前,支店刚成立,她就到这里了。

靖子再次望着窗外，天完全黑了，教堂尖顶上那依稀的余晖已经收尽。

"你有急事？"约翰娜打完了字，问道："你一直在看手表，是不是约了男朋友？"

"不是。"靖子摇了摇头。约翰娜朝她眨巴了一下眼睛，起身把打完的文件给松崎送去。

看见约翰娜走开，靖子从连衣裙的口袋里取出一封信来。

信封正面写着她的名字和地址。

YASUKO TAZAKI

用圆珠笔书写的，字迹有点潦草，信封反面同样是潦草的字迹：

YOSHIHIRO KIRIKAE

下面又用汉字写着：切替义浩。

松崎和约翰娜的说话声远远地传来，靖子从信封里取出信笺，那是航空信专用的薄薄的信笺。

"二日我去巴黎，但在巴黎只住一晚，三日要赶往贝鲁特。我原想去阿姆斯特丹看你，可是行程紧张，又和宁野部长一起，实在难以脱身。

这次的行程中，巴黎是离阿姆斯特丹最近的一站，所以，恕我冒昧，我想求你能来巴黎，我住在凯旋门附近的'特华雍'，电话是6773052。我不知道下次什么时候还会再来，所以一定想看你一眼，我等着你……"

靖子看了看右面墙上的挂历，十二月二日，星期五。她已看过不知多少遍了，确切无疑就是今天。

二

田坂靖子最后一次看见切替是一年前的冬天，当然是在日本。

十二月五日，傍晚六点，新桥的西餐厅"MARINE"。

时间，地点，靖子都记得清清楚楚。

靖子比约定时间提早五分钟到了，切替晚了十分钟。从这时间差上已略见一斑，靖子的火烧眉毛无法按捺的心情，切替漫不经心，慢悠悠。

"走，上哪去填一下肚子。"切替刚喝了一口咖啡，就拿起账单站了起来。

"等一会……"

"怎么了？"

"你坐下。"

切替重新坐下。

"我有件事要问你。"

"有事要问？"

"是的，所以你坐下来。"

靖子原本不想这么切入正题的，她知道这话先由自己提出来，总是处于下风了。可是切替对自己的迟到没有半句抱歉的话，进门就说去吃饭，接下去又是那老一套。切替把这一切都看的是理所当然的。靖子受不了切替的这种态度。

"我一进来，你就表情严肃，怎么了？"

切替不可思议地看着靖子。往常，靖子总是听话地和他在就近的店里简单地吃点东西，就直奔旅馆。在旅馆里呆到十点或者十一点，然后分手各自回家。这一切,切替和靖子都已经习惯了。

"你有事瞒着我吧?"

"瞒着你?"

"对。"

"什么事?"

"你别再装糊涂。"

"我真不知道,你倒说说看。"

"你不想说,那我就告诉你。"

身材瘦小的靖子,一双眼睛显得特别大,她死死地盯着切替,心想:这话一出口,自己和切替也就完了。靖子这一瞬间的迟疑,让切替误以为她退缩了。

"你一定是误会什么了,快说出来让我听听。"

"我没有误会。"

"那你说。"

"你要有孩子了,是不是?"

"……"

"你太太明年春天就要生了。"

这冷不丁地突然一击,让切替有点措手不及,他慌忙把视线转向面前的白色咖啡杯上。

"到底是不是?是个男人就把话说清楚了。"

望着切替一声不吭,靖子更加火冒三丈。

"你听谁说的。"没想到,切替的声音很镇静。

"公司里没人不知道,山代、野上、广田,只有我不知道。只有我被蒙在鼓里。"

"……"

"为什么不告诉我,为什么就瞒着我一个人,要知道,你终有一天是瞒不住的。"

靖子意识到周围桌子上的人在朝他们张望,这才把探出的脑袋朝后退了退,压低了声音,冷冷地说:

"从一开始,你就打算骗我。"

"不是这样的,我原打算下次见面时告诉你的。"

"下次,下次是什么时候,是不是准备在圣诞节,当作礼物送给我……"

"怎么可能。"

"那么,这到底是怎么回事?"

"反正不是什么大不了的事。"

"为什么?你俩要有孩子了,这还不是大不了的事吗?"

"可不是吗,这事和你我的事之间没有关系。"

"怎么没有,太有关系了。"

"可是你同意我结婚,也知道我结婚的事实,反而倒不能容忍我有孩子,这怎么也说不通吧。"

"我可没有同意你结婚,也根本没认可过你的结婚。"

"但是你还是愿意和我来往,而且今天……"

"我再也不想看到你。"

"嗨,等等!你冷静点。"

"反正,我受不了你当父亲,也决不会原谅你当父亲。"

"别胡闹了……"

"这是对你一直瞒着我的惩罚,我不会再见你了。"

"唉,你怎么就不明白呢。"

"不明白的是你。"

"好了,别再胡思乱想了,别让这事搞得我们不愉快了。"

"我回去了。"

"靖子!"

切替紧跟上来,靖子不顾一切地冲出了店门。

靖子来到熙熙攘攘的大街上,刚才强忍着的泪水哗哗地涌了出来,她捂着脸快步拐了个弯,转到小路,躲在大楼底下,用手帕擦干了眼泪。

那以后,靖子便再也没见过切替。

当然切替来过几次电话。再说他俩虽不在一个部,但在同一个公司上班,上下班或午休偶尔也会遇上。

每逢这时,切替一脸想对她倾诉的样子,朝她走近过来,但靖子只要一看见他的身影,立刻转过身,飞快地逃离他的视线。

事到如今,靖子真的不想再见切替。切替一边摆出一副对孩子不感兴趣的姿态,一边却让妻子怀上了,靖子无法原谅这种欺骗的行为。妻子已经都怀孕8个月了,仍对自己滴水不漏,被逼问后才说什么"我打算告诉你的",这完全是搪塞之词。要不是自己追问,切替一定满不在乎地一直瞒下去,就算现在知道了,但切替已经骗了靖子至少半年。

切替的声音,有关切替的一切,靖子再也不想听了,她希望自己尽快逃离和他有关的一切东西。

这样的心情,一年前靖子就经历过一次了,那是切替结婚的时候。

在切替结婚一年前,靖子和切替就有了肉体关系,切替明知靖子爱着自己,却还是和现在的妻子结了婚。对此,切替的解释是父母一再催促,不得已只好结婚。而事实是,切替的家和那姑娘的家住得很近,他俩自小认识,也可谓是青梅竹马吧。不管是什么理由,选择那姑娘,并最后决定娶她为妻是切替自己。

从道理上说，那时靖子就应该快刀斩乱麻和切替彻底分手。和一个已经成为别的女人的丈夫的男人来往太不明智，也太可悲了。

切替新婚旅行回来后，立刻跑到靖子那里，说自己的婚姻太失败了，他还说，都是因为上了岁数的父母哭着求他，他一时心软就结了婚，现在后悔了。

"结了婚，我才知道自己最爱的是你。"

切替结婚时，靖子既伤心，又郁闷，茶饭不思。她想男人是最不可相信的了。可现在看着他痛心疾首的样子，虽说觉得他是自作自受，可心里却舒畅起来：看来他还是离不开我。

这个念头让靖子受到重挫的自尊心立刻振作起来，也唤醒了沉睡在她心底的母爱。

一周之后，两人重修旧好。

切替和靖子又和从前一样，下了班约好了在什么地方见面，一起吃过晚饭上旅馆，过了十点再分手各自回家。他们去的是在大久保附近的旅馆，每周一到两次，次数地点一切照旧。

切替的言行举止，没有丝毫有妇之夫的迹象。

有时在旅馆过了十一、二点，他也不着急。"下次我们约在星期六或星期天"，靖子故意为难他，可切替照样出来，有时还一起在外过夜。

"你太太不生气吗？"

"生气才好呢，那样她就会和我离婚了。"

切替像是在说别人的事那样，信口说着大话。靖子望着他那从容镇定的模样，觉得切替和他妻子真的关系紧张。

不知不觉中，靖子便抱有了幻想：切替会和妻子离婚，并终有一天会娶我的。

　　这种念头其实只是靖子主观愿望,并不是板上钉钉的将来。可这念头一旦冒出来,便迅速膨胀,以至于靖子觉得切替已向她有过许诺一般。

　　靖子安慰自己:现在只是暂时把切替借给了他妻子,切替最终会回到自己身边,这一切都是暂时的。

　　靖子相信这个男人讨厌他的妻子,他们婚姻马上就会破裂,可现在他和妻子之间居然有孩子即将诞生,这对靖子来说简直是晴天霹雳。

　　第一次听朋友告诉她时,靖子不相信。第二次听说,她觉得是那朋友奚落她。当另外一个人又这么说时,靖子这才相信了。

　　当靖子责问切替为什么欺骗她,切替却说靖子知道他结婚了还和他来往,可知道他有孩子了却大闹起来也太可笑了。这话乍听起来挺在理,其实却是男人的强词夺理罢了。

　　靖子承认切替的婚姻是有前提的,那就是他不久就会和妻子离婚,眼前的状态只是暂时的。如果切替永远不可能和他妻子分手,靖子是不可能会认同的。

　　况且,有了孩子情况又不同了。

　　孩子意味着一个新的完整的家庭的诞生,夫妻之间有了新的牢固的纽带。这也意味着切替不仅仅是丈夫,他更要承担起作为父亲的责任和义务。

　　细想起来,靖子觉得切替有魅力是因为他能干、有活力,丝毫没有居家男人的拖泥带水。周围的朋友也都一致公认:切替是个有能力的男人。现在,这个男人居然要在家里和妻子一起照料婴儿,一想到这种场景,靖子就恶心得想吐,原来他也是个凡夫俗子啊。于是靖子既懊恼自己心目中的偶像被彻底粉碎,又对自己生气,生气自己多么愚蠢,竟然会相信他。

　　和切替结婚是一场白日梦了。

她觉得这个让自己抱上幻想的男人是这么的可恨，又觉得自己轻易相信别人是多么的可悲。终于，靖子对切替再也没有任何留恋了。

后来，听说切替生下了一个女孩，两个月后，靖子辞职了。辞职的靖子回到了父母那里，在父母家闲荡了一个月后，靖子拿出她的退职金和全部存款去国外旅游了。

靖子的大学同学中有在航空公司就职的，也有结婚后去了欧洲的，靖子跟她们联系上后，离开了东京。

靖子没计划过什么时候回来，旅费用完了就打道回府吧，但她并没带多少钱，最多只能维持一个月左右吧，如果节省一些住在朋友家里的话，还能多呆一个月吧。

靖子对观光没什么兴趣，她只是想离开日本，准确地说她想离切替远远的。

现在，靖子在阿姆斯特丹工作，心情也慢慢平静下来，这一切既不是她精心策划，也不是出于她的初衷，她千方百计让自己忘却切替，其结果让她留在了阿姆斯特丹。

虽说有朋友，但身处异国他乡，靖子依然觉得很孤独。在东京时，靖子也是一个人，但只要想家了，花两个小时她就能回到静冈，回到父母的身边。虽说自己也不常回家，但随时可以回家的安心感，让她从未感到过孤单。

可在阿姆斯特丹，这是不可能的了，不但要有足够的时间，还需要大笔的费用。

虽说在异乡，话是可以说通，日常生活中也没有什么不便。但要寻找心灵上的沟通，就不尽如人意了。如果在日本，有需要靖子马上可以找到倾诉的对象。

如果仅仅从活着的标准来衡量，靖子没有任何障碍。重要的是，在这里呆着她可以不再去想有关切替的一切。再说也有一些男人追自己，她不和他们深交，只和这些语言不同、肤色不同的男人逢场作戏，倒也不乏乐趣。

渐渐地可以忘记切替了。

靖子对自己说，再有一年时间就足够了，现在她有时一整天都不会想起切替，那就不需要一年，也许半年、三个月就够了。

自己怎么会和这种男人来往的，回想起来，靖子觉得不可思议。当她醒悟到自己变得如此清醒，反而吓了一跳。

自己和切替的过去真的已成为历史？他留下的痕迹都被自己打扫得干干净净了吗？面对这样的问题，靖子又没有自信了。

她担心，自己是不是在打肿脸充胖子。

最近几个月，靖子不再梦见切替，就算偶尔梦见，醒来后也没有了痛不欲生的感觉。这，让靖子既感到寂寞，又有点痛快。

三

"靖子，陪我一块去购物吧。"

到了下班时间，约翰娜停下打字的手说。

"购物？"

"你说今晚没事的。"

"是的。"

"那就走吧。"约翰娜站起身，朝房间右角的更衣室走去，收拾着准备下班。松崎也开始收拾桌子。

靖子站起身望着窗外,灯光被雾气弄得支离破碎。

"怎么了,还不穿上大衣。"

"今天是十二月二日吧?"

"没错。"

"飞往巴黎的航班最迟是几点?"

"你要去巴黎?"

"噢,不是。"靖子否认道,往更衣箱走去。这时电话铃响起来,松崎接了。大概是日本朋友,松崎改用日语说起来。二十分钟前外出归来的汉克轻轻拍了一下靖子的肩先走了。松崎大概是约了朋友,高兴地哼着日本的老曲子准备下班。

"明天见。"

"辛苦了。"

约翰娜和靖子跟松崎打了招呼走了。

五点刚过,下了班的人们一下子从各幢大楼往外涌出来。骑自行车的上班族穿梭在车流中间。

"我想要一件带毛皮的大衣。"约翰娜双手插在口袋里说道。约翰娜现在穿的是件笨重的棉衣,不是毛皮的,而且袖口和下摆都有点磨破了。

"我们上哪?"

"卡尔弗大街怎么样?当然今天不买,先去看看。"两人穿过公司边上的小路,沿着运河往前走。和繁华嘈杂的大道相比,两侧种着榆树的河岸显得非常幽静,如果在旅游旺季,河岸上泊满了载旅客的船只,这些罩着玻璃的船只全都撑起了遮阳篷。

"雾好大啊。"

"是啊,真够大的。"隔着运河,对岸人家的灯光在雾气下显得朦胧恍惚起来。

"今晚飞机能起飞吗？"

"飞机？飞机和你有关系吗？"

"当然没有，可这雾让人有点担心。"

"这点雾算不得什么，史基浦机场的设备可是世界一流的。"说着约翰娜朝天空张望了一下，浓雾深锁的夜空里，微略的亮光中可以看见雾气流动。

她俩过了桥，经过王宫，来到达姆广场。

"你圣尼古拉斯日打算怎么过？"约翰娜一边迈开大步走过广场前的路口，一边问靖子。

"什么怎么过？"

"当然是和你男朋友呀。"

"我还没想过呢。"

"我打算和男朋友一起吃晚饭，然后上舞厅。礼物嘛，是一个手表链。"

"不错啊。"

约翰娜和在市保险公司工作的男朋友同居，那男孩比她大三岁，约翰娜管他叫未来的丈夫。在北欧，女孩子找未来的丈夫很多，所谓"未来的丈夫"就是先同居，如果两人情投意合就结婚。

"靖子约了库力斯？"

"没定呢。"

"是不是有日本男朋友了？"

"怎么说呢？"靖子话听起来好像不是在说自己，约翰娜耸了耸肩。

库力斯是个有意大利血统的荷兰人。他个子不高，性格开朗，生性幽默，靖子觉得和他在一起吃饭，或者上舞厅玩玩，是个不错的伴。他很幽默，可就是看上去像个游手好闲的人，让人觉得不够稳重。

库力斯在运输公司工作，靖子来到现在这个公司的第三天，库力斯来送发票，一看见靖子，便夸个不停"太美了"、"太漂亮了"，还约她出去。起初，库力斯的一番溢美之词，靖子挺美滋滋的，但几次约会下来，靖子被他过于夸张的举止搞得有点烦了。况且库力斯另外还有好几个女朋友，对工作也不那么认真。

"性格再好，对工作马马虎虎的男人也太差劲了。"

虽然不是身在日本，靖子对男人的评价却是日本式的。

卡尔弗大街的街头已经布置了霓虹灯饰，刚刚从昏暗的王宫经过，约翰娜和靖子一下子都有点不适应这耀眼的灯光。

卡尔弗大街宽约二十米，道路两旁是一家家布置得琳琅满目，经营男女高级时装的专门店，临街的橱窗吸引着来往行人的眼球。这里可以称得上是阿姆斯特丹的银座。

这条街上的商店和百货店一样一般下午六点就关门了。你一定会想，这么早关门的话，晚上这街上谁还会来呀。事实上晚上七、八点这条街上依然行人熙攘，那热闹劲一点不比白天逊色。这是因为店家的橱窗宽敞明亮，橱窗里摆上了各式吸引人的商品，明码标价，至于商品的种类，兼顾了各类消费者的需求。这样，人们可以一边慢慢地浏览橱窗，一边在心里捉摸权衡，当大概的目标确定后，再抽空去商店买下来。起初靖子对这种购物方式很不习惯，觉得太不方便了，现在适应了倒也可以对付。

但是，再悠闲的店主等到了销售旺季的十二月，也不敢这么怠慢了。他们根据客人们的要求，一到十二月，特别是圣尼古拉斯日前几天，商店延长营业时间3小时，许多商店一直开到晚上九点，眼下正值销售旺季。

约翰娜一看到卖妇女装的专门店，便穿过人流，鼻子几乎贴到玻璃，一个劲地打量着橱窗里陈列的衣服。

"我想要那种颜色的毛皮衣。"

那是一件仿麂皮的羊皮大衣,领圈上镶了灰色毛领。

"那是什么毛皮?"

"大概是银狐吧。"

"要四百五十六盾。"约翰娜念着标价,皱起了眉头。这个价钱不是约翰娜的工资所能轻易承受的。

"我只要领子上有点毛皮就足够了。"

约翰娜有点遗憾地说着,一边朝马路对面的商店走去。借着橱窗里的灯光,吉普赛人在路边搭起了木台子,从袋子里取出金属饰品整齐地摆放在木台子上,那些首饰古色古香。

上面标着:大的三个盾,小的两个盾。一些不急着赶路的人们站在寒夜里,饶有兴致地浏览着这些首饰。

"这件咖啡色的怎么样?"约翰娜对吉普赛的首饰一点兴趣也没有,她紧盯着右边的橱窗。

"要两百五十六盾啊。"

"我觉得挺不错的。"

"我进去问问。"约翰娜推开店门准备进去。

"对不起,约翰娜,我要回去了。"

靖子轻轻碰了约翰娜的手臂。

"回去?怎么了?"

"我刚想起来今天有个朋友要来。"

"是这样,约了几点?"

"七点,还来得及。"

"那我一个人再转转,再见。"

"再见。"

约翰娜轻轻挥了挥手推开了店门，看着个子高挑的约翰娜消失在玻璃门的那一头，靖子走了。

马路上依然是络绎不绝的人流，一派热闹繁华的景象。这里因为禁止车辆通行，所以人们可以放心地放慢脚步。

靖子加入了人流。看了一眼手表，五点三十分。右边是电影院，再往前是一家咖啡馆，隔着玻璃窗，靖子看见一个老妇人正在吃牛排，满嘴塞得鼓鼓的。靖子继续朝前走了几步，又折身往回走，进了刚才的那家咖啡馆。

咖啡馆店里人头挤挤，坐满了刚下班的人们。靖子在那老妇人斜对面的位子上坐定，点了一杯咖啡。靖子中午只喝了一点豌豆汤，但现在依然没有食欲。那位老妇人站起身，拖着细长的购物箱走了出去。

咖啡端来时，靖子又看了一眼手表。五点四十分。

"要加奶吗？"

"谢谢，来一点吧。"服务生加完奶走开了。玻璃窗外人流不绝，一对年轻情侣走了过去，一个母亲牵着孩子走了过来，那个孩子穿着和母亲一样的栗色大衣，头上戴着一顶连着围巾的帽子。

靖子看着那孩子一直消失在人流中，从提包里再次拿出那封信。

"……我在巴黎就住一晚，三日要出发去贝鲁特……求你能不能来巴黎……"

靖子不敢再念下去，她害怕地收起信笺，闭上眼睛。

黑暗里，靖子说服自己。

时到如今，一切都木已成舟了，再见切替有什么意义。切替和他妻子有了孩子，夫妻关系一定越来越牢固了。如果切替真心想和他妻子分手，像他这样一个办事缜密的人，不会在信中只字不提。他虽说是陪着部长，但能和部长一起出差，看来事业上一定一帆风顺。

当初切替抛弃了自己，如今却让她到巴黎相会，这个男人是怎么想的。什么想见她，这纯粹是他的一厢情愿，借着海外旅游，享受一下难得被解放的自由感，和往日的旧情人共度良宵。抱一抱自己曾经熟识的女人，仅此而已。

我不是他的情妇，往事不堪回首，如今离开他我照样能活下去。我现在根本不再去想有关切替的一切，我已疗好了自己的伤痛。一切都已成为过去。

切替是不是觉得，只要他的一纸书信，我就会飞到巴黎？他一定以为我现在还像从前那样倾慕他。真是太可笑了。我可不会听凭这种自私男人的摆布，他也太看低我了。

靖子说通了自己，慢慢睁开眼睛，马路上依然人来人往。也许是雾更浓了吧，玻璃窗外滴着水滴，透过水流过的玻璃，马路对面变得清晰可见。

靖子喝了一口咖啡，看一眼手表，五点五十五分。约翰娜大概已经决定买什么了吧，抑或还在继续一个又一个的橱窗中寻寻觅觅。靖子朝窗外张望，窗外看不见约翰娜的身影。

"打一个电话给机场？"

突然，靖子脑海里冒出一个念头，这个念头来得那么唐突，那么迅猛，而且再也挥之不去。

既然不去巴黎，那就没必要问了，靖子竭力让自己打消这刚刚冒出的念头。她想还是不要多此一举的好。可是这个念头刚被打消，另一个念头又冒了出来。

"不去的话，问一问又何妨。"

这话在她嘴里咕哝了两遍之后，靖子站起身来。

公用电话设在洗手间门口。阿姆斯特丹645421，短促的铃声响过之后，电话那头响起年轻女性的声音。

"这里是史基浦国际机场。"

"喂，今天还有哪几个航班飞往巴黎？"

"请稍等。"

随着靖子的英语，对方也由荷兰语改为英语。

"荷兰航空KM409航班，二十点起飞，另有一班也是荷兰航空KLM917航班，二十点五十五分起飞。409航班飞往巴黎的布尔歇机场，917航班飞往巴黎的奥利机场。"

"雾很大，航班没有延误吗？"

"马上就要起飞的是十八点五分的航班，延误十分钟起飞。"

"谢谢。"靖子回到自己的座位，刚才还空着的右边的桌子上，坐下了一对老夫妇。

靖子喝了一口凉了的咖啡，看手表，六点十分。

接下去还有两个航班飞往巴黎，如果乘下午八点的航班的话，从阿姆斯特丹市内到史基浦机场开车需要二十分钟。那么最晚七点必须要走。

如果想去的话，靖子马上就可以走。今天早晨出门时，靖子为了以防万一，将护照和钱放在了手提包内。从阿姆斯特丹到巴黎，飞机飞五十五分钟，往返机票大概两百盾便足够了。靖子的包里放了她积攒的三百盾。

十二月份，巴黎的气候和阿姆斯特丹相似，靖子今天穿着针织连衣裙，外套一件天鹅绒长大衣，巴黎应该比阿姆斯特丹更暖和一点，靖子这身衣服应该足够御寒的。

"还有不到一个小时。"靖子喃喃道，话一出口，连她自己都吃了一惊,她下意识用手捂住嘴。

这是怎么搞的,相信自己不可能会去的,仅仅打个电话给机场问问罢了,但现在自己说出的话却像是立刻要出发的样子。

几分钟内我竟然改变主意了吗,一个查询电话就让我的心飞去巴黎了吗,这一瞬间的变化,让靖子对自己生起气来。

身边的那对老夫妇一边喝着啤酒,一边凑近着说着什么,因为他们说的是荷兰语,靖子不是很明白,但似乎是为买不买一只新款手提包而各持己见。

靖子的家在亨德利街,靠近中央市场,和机场正好方向相反。靖子的房东是一对靠养老金生活的老夫妇,她租了他们二楼的一间房间,那房间大约六张榻榻米大小,每月租金200盾,折合2万日元左右,房间有壁柜,家具相当简单,床、一把椅子,按靖子的工资来说,这个租金已经相当贵了。

至于吃饭,星期六、星期天休息,靖子有时便叫上日本朋友一起到家来做饭,平时基本在街上便宜的咖啡馆打发了事。房间布置得很有女孩味,墙上挂着伦勃朗名画的复制品,床上放着布娃娃。房间位于天井的东侧二楼,所以只有上午两三个小时可以晒到太阳,到了十二月份,经常是大雾天气很多,所以白天也要开灯,晚上一个人摸黑回家更觉得那屋子阴冷阴冷的。

邻桌的老夫妇继续着他们的话题,窗外人流依旧。靖子看手表,六点二十分。她起身走出咖啡馆。

如果按原路返回,就可以到达达姆广场,从那里坐电车就能回家。从木制楼梯拾级而上,推开厚重的房门,那里就是自己的城堡。只要呆在自己的城堡,便不会有人来骚扰,便可以随心所欲,自由自在。不管是房东老夫妇，还是周围邻居，没有任何人会来干涉自己，靖子从心底里喜欢这种无人干涉的自由。

但是，现在靖子不想回家。现在如果穿过铺着石板的天井爬上楼梯，她会听见房门打开时嘎吱作响的声音，伸手打开那盏吊灯，那是一盏缀满花里胡哨的装饰的老式吊灯，灯光映照出冷气逼人的房间。

早晨出门时脱下的睡衣，依然折叠整齐地放在床上，梳过头的梳子还在镜子前面放着，房间和她早晨出门时一模一样地定格在那里。靖子已经很长时间生活在这阴冷的房间里，重复着日复一日的生活。此刻，靖子不想回到这个家、这个窝里去。

出了咖啡店，靖子继续朝卡尔弗大街东面走。她对左右的橱窗，对来往的行人都不感兴趣，但她也不知道自己要去哪里。

靖子开始后悔不该中途和约翰娜分手，要是和约翰娜在一起的话，今晚可能会过得更有意思，也不用再去想什么飞机的事了。

道路稍稍偏向左边，再往前是车水马龙的路口，从那里传来电车和汽车的嘈杂声。

靖子避开嘈杂的声音在路口往右拐，又回到运河边，噪声一下子离远了。夜空在大街霓虹灯的辉映下微微发红，远远地依稀可见韦斯特教堂的钟楼。比起下班那会，雾更重了，浓雾弥漫，仿佛将要潜入运河一般。

又走了一阵，靖子越过一座桥，前面是一条灯光明亮的道路。原以为远离了喧闹，没想到不过十分钟，又回到了人群中。从这里穿过三条运河的话，就是莱兹广场了。说是三条运河，但运河都不宽，所以快步走的话，也就十分钟，眼看前面宽阔起来，已然来到了广场。

广场四周的建筑灯火通明，反倒显得广场中心漆黑一片了。横穿过铺着石板的广场，靖子来到航空公司的营业厅。隔着玻璃可以看见营业厅的大厅里摆放着大型客机的飞机模型，但营业厅的大门紧闭，里面不见人影。

沿着航空公司的营业厅往右走，便是酒吧和夜总会林立的马路，靖子看了一会这个灯箱，伸手推开嵌在砖墙上的门。

这家酒吧在进门右手摆放了两个包厢座，长长的吧台从门口笔直延伸到店的尽头。店内纵向很深，吧台边的椅子上已坐满了客人，其他客人只好站在他们身后，在那稍显局促的地方喝着。音箱里传来嘹亮刺耳的音乐，香烟把店里弄得烟雾腾腾。这里的客人几乎都是年轻人，他们有的合着音乐放声歌唱，有的专注地和恋人说着话。

"来点什么？"一张善良和气的圆脸从吧台前客人的缝隙中探了出来。他是店老板亚菲。

"荷式金酒。"

"好嘞，今天没和库力斯一起？"

"没有，我一个人。"

"那太遗憾了。"亚菲微微一笑，转身从酒柜上取下酒瓶。

这家酒吧，靖子和库力斯来过多次。尽管都是些年轻人，闹哄哄的，可习惯了，倒很自在。而且酒水也便宜，一个人花上十盾的话就能喝得酒酣耳热的了。

最近一段时间，靖子喜欢上了荷式金酒。刚开始是库力斯不由分说地硬让她喝，现在靖子能喝上两三杯了。靖子说不清自己是什么时候开始会喝酒的，但她喜欢上了那酒液流过嗓子眼时那热辣辣的感觉。

三杯荷式金酒下肚，你自然地会忘乎所以起来。你忘记了身在遥远的异国他乡荷兰，在你眼里，周围的人们和你完全是同一国度的同胞。和男人们搂着肩尽情歌唱，随着节拍摇摆起你的身体，在吧台上尽兴节掌。

昔日在日本渡过的岁月便被你抛到了脑后。

唱片自动播放机里的音乐响了起来，人们合着音乐哼唱起"哦，妈咪……哦，妈咪"，歌声让酒吧沸腾了起来。

"我请你再喝一杯。"站在边上的男人用英语对靖子说。那男人身材魁梧高大，穿了一件褐色夹克。

"谢了，我要回家了。"

"我叫扬。时间还早嘛，让我请你喝一杯吧。"

"够了，我已经喝好了。"

"那我们换个地方喝去，要不去舞厅怎么样？"

"不了，我真的要回家了。"

"反正你一个人，我也是一个人，一个人多无聊啊。"

"我可不是一个人，我还有约会呢。"

"真的？你不是才对亚菲说就一个人吗。"

"怎么说是我的自由。"

"嗨，给她来杯荷式金酒。"

"好啦，够了。"靖子在吧台上留下两个盾，朝门口走去。

"这算什么事啊，特意替你点了酒。"那男人生气的声音夹杂在音乐声传了过来。

户外寒气扑面，雾更浓了，连五六米前的霓虹灯都看不清了。靖子再一次离开广场朝运河方向走去。

难道我看起来像个渴望男人、需要有个男人来调情，请喝一杯荷式金酒的女人吗，我可不想让男人来同情我。

我对酒吧里的那些年轻人没有兴趣，我也不会轻薄地让一个素昧平生的男人请喝一杯酒。男人们总是自以为是，总是想当然，觉得女人应该围着他们转,别太小看人了,我虽然不是欧洲人,但我的教养、才智绝不比他们逊色分毫。我不敢夸口自己的外语,但我的头脑和智慧一定不会输给约翰娜。欧洲并非整个世界。靖子在心里愤愤地嚷道。

随着一声刺耳的喇叭声,汽车猛地一个急刹车停在靖子面前。

"红灯!"司机愤怒地从窗户伸出头,挥了挥拳头。大雾搞得司机怒气冲天。

车子开过后,靖子借着路灯看了看手表:七点二十分。

话说回来,那男人也太厚颜无耻了吧。两年前,他抛弃了我和别的女人结了婚,还生了孩子,就因为自己碰巧来欧洲出差,凭什么来找我。

他想追忆往昔的话,那就一个人自作多情地陶醉好了。如果是想找个女人陪他一夜,那就掏钱,找个厚脸皮的白种女人抱抱罢了。我不是那种任人摆布的女人,我现在不再需要切替了,我不再是往日的靖子。

雾益发的浓了,丝毫没有一点雾散天晴的征兆。

靖子横穿广场,又一次回到运河边。走上河岸小道,人声车声,所有嘈杂的声音都消失了,唯有脚步踏在路面上发出的回声。

靖子在横跨运河的桥头站定了。在桥的那一头,隐约可见两个人影,他们在浓浓的雾气中紧紧拥抱,静静地一动不动。

原想径直向前的靖子,此时改变了主意,又按原路往回走。回到莱兹广场,广场上依然是车水马龙,人来人往。前面是等候出租车的地方,那里停着三辆出租,靖子敲了敲最前面那辆的玻璃窗。

司机笑脸相迎:"您要去哪里?"

"史基浦机场。"

靖子说完,自己先吃了一惊。

车轮滚动,汽车转眼已穿过广场,朝着有电车来往的桥上驶去。

"您这是出门去哪里？"

"不是出门。"

"那是去接客人？"

"嗯。"靖子含糊地回答着司机，又在心里暗暗对自己说：

我不是去巴黎，正好有时间闲得无聊，去机场转一圈。只要去一趟机场，坐上车跑一趟自己便会冷静下来。

汽车已离开市中心。沿着高速，朝史基浦机场驶去。

浓雾让车灯暗淡下来，雾气打湿了车窗，雨刷子一个劲地摆动着。

"今晚飞机能不能飞啊。"

"已经停航了吗？"

"起飞好像是没问题，可要是飞机降不下来的话那就飞不成吧。"

"巴黎也停航了吗？"

"您是要去巴黎吗？"

"噢，不。"靖子慌忙摇头，身子朝座椅上靠了靠。迎面驶来的汽车，车灯在黑夜浓雾中变成了一个小点，擦肩而过时恍若一个光团。

"机场会因为大雾关闭吗？"

"如今地面设施先进了，机场关闭倒是很少遇见，一年最多一两次吧。"

"那今晚会不会……"

"难说啊。"

机场关闭的话倒也罢了，去不了巴黎，也就没什么好再思前想后的，有这么一个客观原因的话，可以让自己顺其自然接受现实。

靖子望着窗外一片漆黑，在心里这么对自己说。

如果我没有去，那他一定狼狈不堪，他那么有把握，认为我一定会去，这当头一棒一定会令他恼火。就让他火冒三丈，气急败坏，让他懊恼不已吧，让他知道我不再需要他，对他的一切我已经无动于衷。

黑夜里红、绿、青，各种灯光星星点点。机场就在眼前。

四

机场大厅灯火通明，将黑夜中的浓雾一扫而光。靖子直奔大厅中央的出发预告栏。

KLM917航班，二十点五十五分起飞，前往巴黎，B27号登机口。

飞往世界各地的国际航班，一一显示在预告栏上，KLM917航班被列在第二栏。大厅中央的时钟正显示现在时间是二十点二十分。

如果打算去的话，现在要赶紧去买票了。靖子这么思忖着在电子预告栏前的沙发上坐了下来。

大厅里人来人往。出发的旅客有的空着手，有的在地上拖着笨重的行李箱。身旁的座位上坐着一个母亲模样的妇女，一个少年朝她跑来，手里拿着一个小包，一个劲地对她说着什么。大概正是旅游淡季，又是夜晚，宽敞的大厅里看不见日本游客的影子。

靖子从大衣口袋里取出香烟点上火。靖子抽烟是从切替那里学来的，起初只是抽着好玩，一天抽两三支，现在已经一天一包了。

望着烟雾袅袅地飘散开去，靖子想到此刻正在巴黎的切替。

卖机票的柜台就在预告栏前，现在买好机票，那么一个小时后她就可以到巴黎了。从奥利机场打车去切替住的酒店也就两小时。巴黎就在她触手可及的地方，切替就在那里等着她。他俩可以去香榭丽舍大道散步，吃完夜宵再回酒店。一个温暖的夜晚，被切替拥抱的夜晚就在那里等着她呢。

中央预告牌刷刷地翻动起来，飞往巴黎的917航班被刷新，排在第一出发的航班。预告牌下面,两个修女模样的人正抬头查看着航班。

靖子再次看时钟,八点二十五分。

"我只是来机场转转的。"

靖子掩饰住心中的焦虑,忙乱地点上烟。希望航班尽快从预告栏中消失,这样就乘不上了。失去了最后的可能,她也就死心了,别让我再这么煎熬了,快点消失吧。靖子觉得手指被烫了一下,这才发现香烟已燃到尽头,她急忙摁灭烟头。

广播响了。

"荷兰航空KLM917航班,二十点五十五分出发,前往巴黎的航班……"后面的听不清了,靖子疑神屏息等着紧接着荷兰语后面的英语说明。

"……由于大雾,暂时不能起飞。"

靖子一下子站起身,径直奔向KLM柜台。

"巴黎的航班取消了吗?"

"因为雾太大,现在不清楚什么时候可以起飞。"

"那么,还是会飞的吧?"

"那就不好说了,这么大的雾。"机场问讯处的小姐脖子上系着一条圆点图案的领巾,她一边回答靖子,一边朝外看了一眼,窗外黑乎乎的,只有停车场的水银灯隐约可见。

"前面那个航班已经起飞了吗?"

"飞了,应该快在巴黎降落了吧。您准备坐917航班吗?"

"是的。"

"那机票呢?"

"还没买。"

"那您先买票,在B27号登机口前等一会吧。"

靖子买了机票，办完出境手续，来到中央候机室。

由于大雾，好像已经有几个航班延误了，夜晚的候机室里坐满了旅客。靖子找了一个靠窗的沙发，坐了下来，望着窗外的灯、飞机、蓝、红的航空标志，一切都隐在浓雾之中，让人无法识别。

"我为什么不早点来机场？"

后悔一点点爬上靖子的心头。

早一点来的话，六点、八点的航班都可以赶上。如果不陪约翰娜的话，如果没再去莱兹广场的话，她早就可以飞往巴黎。

如果能乘上前一个航班，现在就可以到巴黎了，下了飞机马上打车的话，再有二、三十分钟就能见到切替。

靖子又取出了一支烟。

"请。"身旁的男士递过打火机。

"谢谢"

"您是去哪里？"

"巴黎。"

"我也是，但怕是飞不了了。"

说话的男士三十五、六岁的模样，黑色的毛衣外穿着一件咖啡色的西服，好像是荷兰人。

"这是今年最大的一次雾。"

"但起飞应该没问题吧？"

"机场的人说，起飞也要有一定的能见度的，再说巴黎好像也是大雾。"

"这可麻烦了。"靖子看着漆黑的窗外。浓雾好像锁住了整个欧洲。

"只能听天由命了，一起喝杯咖啡吧。"

"不了，我等在这里。"

"那太遗憾了。"男士轻轻点了一下头,往右手的咖啡店走去。

大雾丝毫没有散去的迹象,机场照明灯下,白雾云涌。

"切替把孩子的事瞒着我,是怕我伤心吧。"靖子的脑海里冒出一个新的念头。

广播再次响起,靖子猛地站了起来。

"917飞往巴黎的航班现被取消。"

一下子,乘客们"哎……"一片叹息。

"非常抱歉,退票手续……"

听完英语广播通知,靖子目不斜视走出到达大厅。外面已是白雾茫茫的一片。

"阿姆斯特丹。"

出租车司机点头,拉动手闸。靖子什么都不想看,双眼紧闭,默然地靠在座椅上。

汽车发动机发出单调的轰鸣声音。

靖子回到亨德利大街的公寓已是晚上九点十分。踏进家门,她觉得疲惫不堪,靖子打开灯,和衣倒在床上。

此时,靖子什么也不想,她怕一想起来,后悔的泪水便如决堤般一发而不可收。好想见他啊。忍住,一定要忍住。靖子觉得自己快要崩溃了,她拼命把头埋在被子里,希望尽快回忆起今晚发生的一切。除此之外,靖子不知道自己还能做什么。

夜深了,房间里死一般的寂静,靖子一动不动,就像附在岩石上的贝壳,毫无生气。她缩紧了冻得瑟瑟的身子。

"好想回日本啊。"

黑暗中,她仿佛看见自己父母亲,东京的街道在她眼前闪过。就让我这样进入梦乡吧。

不知过了多久，电话铃响了起来。

靖子吃惊地抬起头，看了看枕头边的电话，电话确确实实在响，她拿起话筒。

"喂。"电话那头响起年轻女子的声音。

"阿姆斯特丹1927763，是田坂小姐吗？"

"是。"

"这里是巴黎来的长途。"

"巴黎？"靖子轻声叫道。

"喂，喂。"

是切替的声音，没错，是他的声音。一年前，她几乎每天都能听见这个声音，这声音太耳熟了。

"怎么了？为什么没来啊？"切替的声音从话筒那头刺耳地传来。大概是他离话筒太近了。"我一直在等你，从傍晚起一直等着你。"

"……"

"你在听着吗？听见我说的吧。"

"是。"

"我看时间太晚了，才打电话到机场问讯，这才知道因为大雾，飞往巴黎的末班机被取消了，我想这下完了。只有今晚这个机会了，你为什么不来啊？"

切替在电话那头尖声嚷着。

"太可惜了，真的太可惜了。"

"……"

"是因为大雾来不了了吗？你是打算坐最后那个航班来的吗？"

"不是的。"

"不是?"

"打开始我就没打算见你。"

"你……喂!"

"别这么叫我,我和你已经没有任何关系,我早已忘记你了。"

"喂,你是不是喜欢上谁了,所以这么说。"

"你以为我永远忘不了你吗?"

"我不是这个意思,可我们……"

"别让人笑话了,你也太幼稚了。"

"你变了,变得太厉害了。"

"我挂电话了。"

"难道你不想再和我说说什么吗?我可是有许多话想对你说……"

"够了吧。"

靖子说完,突然放声大笑,毅然决然地挂断了电话。

笑声过后,房间又静寂下来。靖子环顾四周,她似乎想寻找一下刚才从自己嘴里爆发出的笑声是否还残留在房间哪个角落。房间的陈设和早晨出门时一模一样,白色挑高的屋顶,靠墙的壁橱,桌子,所有的东西静静地站在原地,再看窗外,黑夜里铺着石板的天井寒气袭人。

靖子扭转脸,撤回自己的视线,这才发现自己的脸映在壁炉上的镜子里。房东老太太曾得意地夸耀,那壁炉和镜子都是七十年前造这所房子时装上的。此刻,镜子里映出一张皱巴巴、泪流纵横的脸,这张脸刚才还曾放声大笑。靖子独自一人在镜子前以泪洗面,既没人笑话她,也没人来帮她。这张皱巴巴让人不忍目睹的脸,让靖子意识到自己正孤身一人在这寒冷的欧洲。

甜梦般的诱惑

一

"嗨，好像又有了。"

"有什么……"

"那个呀。"

听千鹤子这么一说，西谷把视线离开了电视。电视里正在播放一部欧美影片，那部片子西谷上大学时看过一遍，电影说的是发生在罗马的一位公主的恋爱故事，主演这部电影的女演员，脖子细长，是西谷喜欢的类型。

千鹤子正在逗猫玩，她娇小、单薄的体形和电影里的女演员很相像。那位女演员长着一张招人喜爱的脸，眼睛大大的，显得高贵清纯。

千鹤子是瓜子脸，鼻梁很高，因为近视，她看远处时便会眯缝起眼睛，那样子反而让她显得更有女人味了。

这时她脸带羞涩地抬头看西谷。

"怎么了？"西谷不放心地问道，虽说他大概已猜到一点，因为千鹤子每次说这事时都是那种表情。

"前几天乳房就胀胀的。"

"……"

"已经五月份了，那个还没来，有点不对劲儿。"

西谷点了一支烟。

"你肯定没记错？"

"都已经过了一个月了，而且我只要一怀上，脸就尖瘦尖瘦的。"

说着，千鹤子两手抚着脸颊。

的确，每次千鹤子怀孕，脸就尖了，眼睛往上吊起。原本不胖的脸，更加瘦得颧骨突出。现在,千鹤子的那张脸就是这样的。

"又有了?!"

"什么叫又有了。"

"那可不,不是刚流掉一个嘛。"

"十个月前吧"。

"那不是才半年?"

"现在可都五月底了。"

"那也就半年多一点嘛。"

半年也好,七个月也好,西谷觉得都差不多。

"那么,再上村井那儿?"

"都去了好几次了,怪难为情的。"

"可总不能不做吧。"

"村井"是涉谷的一家妇产科医院,那里的院长叫村井高士,和西谷高中时是同一届的。

千鹤子在西谷的介绍下,已经在那家医院做过两次人流了。

"那么,这次换一个医院?"

说老实话,西谷也觉得有点难以启口。虽说他和村井是朋友,只要开个口,村井一定悄悄地替千鹤子手术了。可是一年多的时间里就做三次人流,的确是多了点。

上次,西谷打电话求他做人流时,村井便阴阳怪气地奚落他"你精液倒不少啊"。这次再求他,说不定他又会讲什么怪话。

"你还知道其他什么医院吗?"

"听说在自由之丘有一家不错的妇产科医院。"

"远了点吧。"

从千鹤子在青山的公寓到自由之丘，开车也要将近一个小时。

"听说是一家新的医院，挺漂亮的，小糸上次是在那里做的人流。"

小糸是个女孩子，和千鹤子在银座的同一家夜总会。

"不过就是人流，没必要非得跑那么远吧？"

"你说得简单，对女人来说可是很痛苦的呢。"

"我明白。"西谷嘴上说得轻松，其实心里是不放心千鹤子在那么一家不知根底的医院做手术。

"那么还是拜托村井医生吧。"

"我想这样比较好。"

村井那里千鹤子已去过两次，他应该对千鹤子的情况比较了解，而且还是朋友，可以放心。千鹤子去做人流时，西谷总是担心万一有什么情况。

原则说来，做人工流产是需要提供配偶的同意书的，但事实上许多医院并不这样要求。但怕万一手术中出现什么意外情况，所以医院会要求你留下一个紧急联系电话。千鹤子总是告诉他们西谷的名字和他公司的电话号码。

千鹤子第一次去做人流时，就对西谷说："联系电话我留了你公司的，万一有事你马上过来啊。"西谷有点为难，但也无法拒绝。怀孕这事，他们两人都有责任，千鹤子已经听话地去堕胎了，他再不愿意留个联系电话，那也太残酷了吧。

再说"万一"，就是一万中的一次，几乎是不会发生的。尽管这么说，每次千鹤子去手术，西谷照样会心神不定。

如果是在村井那里，那就不用担心了。就算万一发生紧急情况，村井也不会大肆张扬地联系他。

"那么，你替我打电话给村井医生？"

"你打算什么时候去？"

"明天吧。"

"这么快？"

"去了也不是马上可以手术的,要给医生看了后才能定哪天手术呢。"

"是这样。"

"我想,手术最好还是安排在星期五或星期六。"

"我去跟村井说。"虽说有点发憷,但西谷还是决定明天早晨打电话给村井。

"我又要被医生笑话了。"

"他笑话过你？"

"上次,我一去,他便说,我想你快要来了呢。"

"他这么说也不是恶意的。"

"那倒是,可那医生一边给你看病,一边还和你瞎聊。"

"聊什么了……。"

"他说'西谷君很有劲吧？'"

"那你怎么回答的？"

"我没回答他。那时候,怎么回答？"

"那家伙在医院看多了,没把这当回事呗。"

"就算是这样,他偏偏就在那时候问些不该问的问题。"

"那家伙是怪怪的。"

虽说是医生,村井随随便便地看自己所喜爱的女人的隐私部位,西谷还是有点生气。

可生气也没用,村井也许是怕她紧张呢,所以一边看病一边和千鹤子搭话。

"可是,怎么就那么容易又怀上了呢?"西谷看着千鹤子那瘦削的脸庞。

"就是,我自己都吓了一跳。"千鹤子说,但脸上的表情并没有惊愕。

"这是第几次了?"

"第十次了吧……"千鹤子回想着眼睛朝上眨巴。"反正和你在一起后,每年流两次。"

"那么和我之前还有一次喽。"

"那是很早以前的事了。"千鹤子抚弄着猫,瞪了他一眼。

"这不和一年到头都在怀孕差不多了吗?"

"那次流产身体伤得可厉害了,以后很长一段时间没有怀上过。我还以为自己不能怀孕了呢。"

"然后遇上了我,就变成现在这个样子了。"

"我也不知为什么,和俊在一起,一不小心就有了。"俊平是西谷的名字。不知什么时候起,千鹤子便用"俊"来称呼他。

"我也弄不明白。"

"一定是我们俩般配啊。"

"太般配了吧。"西谷带着点恼火。

"怀孕也许能让你有成就感啊。"

"那也太有成就了。"

"讨厌,都怨你。"千鹤子抱起猫咪在自己脸上蹭了蹭。

二

西谷第一次见到千鹤子是在三年前,地点是在札幌薄野一家叫"榆木"的夜总会。

那时，西谷三十九岁，刚被提升，当上了K物产商社在札幌的支店长。他单身驻在札幌，即所谓的"札驻族。"

"榆木"是札幌一流的夜总会，一般的夜总会都开在大楼的一角，但"榆木"却是单独的小楼，里面全部用树皮装潢，别有情趣。这独具一格的装潢很让这家夜总会引以为自豪。

西谷陪客户去了几次"榆木"，在那里认识了千鹤子。千鹤子不是那种能说会道的小姐，在陪酒小姐里算是比较稳重的。这一点，让西谷很满意。在这之前，西谷偶尔干点拈花惹草的事，享受着单身长驻在外的乐趣，但并没有固定的女人。

平时，西谷嬉笑打闹，没个正经。但对自己心仪的女人却不会轻易出手。出入这些风俗场所，也是因为他的年龄和地位，根子里说来，他不是个不负责任的花花公子。

西谷表面上没个正经，却另有诚实的一面，这让千鹤子喜欢上了他。

去了多次后，西谷终于鼓起勇气邀千鹤子外出，千鹤子乖乖地跟着他去了，那天晚上便把自己给了他。

西谷实现了自己的心愿，觉得很满足，至于关键的性事倒说不上圆满。西谷觉得千鹤子不是那种性感敏锐的女人，谈不上性感缺乏，总之比较淡泊。

"一直是这样吗？"两人有过几次后，西谷忍不住问道。

"以前很少体会过什么快感，最近好像开始有感觉了。"

千鹤子说的没错，他俩认识大概半年后，千鹤子渐渐变得热烈起来，望着她一点点懂得做女人的乐趣，一点点变得珠圆玉润，西谷感到做男人的满足。

随着两人关系加深，西谷知道了千鹤子的过去。那时千鹤子二十六岁，三年前她二十四岁时经人介绍和一个公司职员结过婚又离了，以后又和一个做家具生意的男人好上过，当然现在已形同陌路人。这时，西谷进入了她的生活。

西谷和千鹤子的关系持续一年后，西谷被调回了东京。面对公司的调令西谷很无奈，况且他还被升任为总公司机械工程部当部长，可西谷又不想离开好不容易彼此热络了的千鹤子，于是西谷在调回东京时，劝千鹤子也跟着他去东京。

因为自己的父母在札幌，千鹤子开始有点犹豫，但一个月后她就跟着来到了东京。

西谷为千鹤子租下了位于青山的公寓，并把她介绍到位于银座的"大世界"夜总会，西谷是那家夜总会的常客。

千鹤子长得纤细瘦弱，性格慢悠悠的，而且她具有北海道姑娘的特点，非常开朗大方，是个容易见面就熟的人，再加上她那招人喜欢的姿色，千鹤子在两年内换了三家店，如今在银座已是一个非常叫座的姑娘了。

这期间，千鹤子几乎没有再让其他男人碰过自己，仅有的两次是和一个叫K的客人。

那两次也是因为千鹤子知道西谷和别的女人有私情，为了报复西谷才干的，其实她并不喜欢那个男的。当西谷和那女的了断了之后，千鹤子也不再和那个男人来往了。

"那男人怎么样？"两人重归于好时，西谷问她。

"一点没意思，除了你我谁都看不上。"

"谁知道，看你们还一起去京都旅游，好像蛮不错嘛。"

"我和那人在一起就憋得慌，所以才让他带我出去的。"

"那下次让他带你走远点，去国外吧。"

"我可不愿再见他了呢，已经够够的了。"

"你这人可难说。"

"绝对不会了，我已经知道，只有你才会让我满足。"

"真的？"

"当然是真的，快抱抱我吧。"

至于西谷，虽说偶尔拈花惹草的，但他还是最喜欢千鹤子。千鹤子在银座已混了两年，但居然没怎么变，还是那么淳朴。千鹤子的父母原来在靠近小樽的余市，做海鲜批发生意，从千鹤子的人品性格看，她从小在那样的家庭受过不错的教育。

这一阵子，千鹤子作为女人的欲求也越来越强烈了。

西谷在札幌认识千鹤子的时候，她几乎从来不主动，可如今倒是反客为主了。每次开始时，她那北方姑娘特有的白皙皮肤变得红润起来，脸上一付不知所措的表情。

千鹤子要求西谷时，酷似家里养的一头猫，"喵——"的叫一声，接着额头就蹭在主人的手上。千鹤子呢，她是先哼一声"嗯——"，随后摇着头在西谷的胸前蹭来蹭去。

西谷常常故意无动于衷，和千鹤子直奔主题当然也不错，但看着她急不可耐地凑过来，又别有一番妙不可言的乐趣。

越是让千鹤子等得猴急，千鹤子越能迅速进入火热的状态，她轻哼着迎着西谷，在最巅峰的时刻强忍着不敢叫出声来，竭力克制着。

千鹤子这般害羞地压抑反倒让西谷更加觉得她可怜可爱。

如今的千鹤子和从前那个性感缺乏症似的千鹤子简直判若两人。

现在，西谷再也不想离开千鹤子了。

三年下来，西谷对千鹤子的一切都了如指掌，西谷喜欢她的身体，但他对千鹤子的身体已经太熟悉了，或许已经熟悉到了没有了新鲜感的程度。可是，西谷和千鹤子的关系已经不仅仅是肉体上的了，他迷着千鹤子，三年的岁月，已经使他们息息相关。

三

第二天，西谷从公司下班后，去村井的医院。村井的医院在涉谷，西谷住在元住吉，正好顺路，再说西谷觉得，求村井做人流，电话里实在难以启齿。

村井刚看完病，正准备吃晚饭，听说西谷来了，立刻料到他的来意似的。

"我们出去一下。"在会客室聊了一会后，村井对妻子打了个招呼，拉着西谷，一起出了医院。

"正是吃晚饭的时候吧。"

"每天在家都吃够了，我正想出来换换口味呢。"

两人来到道玄坂前面右边的一条小马路，进了那里的一家小饭店。

"你常来这里？"

"老板娘是我的病人。"

两人在门口右手的吧台前落了座。

等上了葱姜丝醋拌鲣鱼，斟了酒，村井说话了。

"说吧，什么事？"

"是这样，上次请你做过人流的那女人……"

"那个叫千鹤子的？"

"对。"

"又要做了吗？"

"是。"

"随便什么时候都行啊，你带她来吧。"

村井回答得出乎意料的爽快，西谷反倒有点猝不及防似的。

"这次是第七次了，不知有没有问题？"

"不能说没问题，但有没有问题都必须做掉，对吧？"

"可是身体……"

"那就别人流啦，可你又做不到。"

"那怎么行？"

"那就做呗。"

村井说得很轻松，西谷其实也早就想明白了，可是被他说得那么简单，心里反倒有点不踏实起来。

"人工流产一般来说可以做几次呢？"

"这事可没有标准的"。

"但总有个大概吧？"

"可以说有，也可以说没有。"

"听不懂你说什么。"

"说实话，这事我也说不准。"

老板娘出现在吧台那头，她跟村井打了个招呼。从外表看那老板娘又胖又结实，不像是有妇科病的人。等她走开后，西谷问村井。

"她就是你的病人？看不出有什么病啊。"

"子宫肌瘤，动手术把肌瘤拿掉了，结果却胖成这样。"

"这和手术有关系吗？"

"应该没有，可是住院后，人就变懒了呀。"村井偷看了一眼在吧台那头写账单的老板娘,苦笑着说。

"对了,我听说经常人流,子宫会穿孔。"

"这种事和手术的次数没关系,有时第一次做就可能发生,但也有做十次都没问题的。"

"那你的意思是说和医生的技术有关喽?"

"可以这么说吧。"

"那你的技术应该是不错的吧?"

"你只能这么相信我啦。"

村井把酒杯里的酒一口喝完,又重新为自己和西谷倒满了。

"我和你从年轻时就在一起玩,我对你可是太了解了,让我百分之百信任你好像还不容易呢。"

"我身边的朋友都这么说。"村井端起酒杯,好像说的是别人似的。

"不过人流做多了对女人的容貌一定有害吧。"

"她怎么了?"

"倒也没怎么样,就是最近多了好多细细的皱纹。"

"她几岁了?"

"二十九。"

"那该是年龄的缘故。"

"你倒直言不讳。"

"不过还是喜欢她,对吧。"

"可遗憾的是……"

"那又有什么关系,好好待她。"

"如果再要人流,不会有问题吗?"

"只是做人流的话,不会有很大后遗症的。"

"可妇女杂志上,列举了许多有损健康的理由。"

西谷想起从千鹤子那里听说的事。

"这个嘛,理论上是这样,可那些报道多少有点夸大其词的。"

西谷稍稍松了口气。

"那就放心了。"

"不过,女人开始冒出皱纹的时候,正是最有女人味的时候啊。"

村井的话让西谷一时语塞。事实上,千鹤子最近的确变化很大,可谓大器晚成,真是一夜之间成熟起来了,就像迟迟没有绽放的花蕾,瞬间怒放了。

"那个女人不错啊,我知道你为什么离不开她。"

"别再说无聊的话了。"

"可我是当医生的。"

西谷皱起眉心,但并不生气。

"最好是不做人流,对不对?"

"那当然,说是没问题,但总是违反正常的生理现象。"

"七次是不是算做得多的?"

西谷心里对这次数总是有点耿耿于怀,以前他听村井说过,中止妊娠就是刮子宫底部,那么反复做了七次的话,底部的粘膜就会变薄,最后一定会穿孔的。

"嗯……七次嘛,算多的吧。"

"还有人比这更多?"

"那当然,所谓的天外有天嘛。"

"那最多是多少次?"

"有不少人做过十次以上。"

"那么多次数，不会有问题？"

"这不是行或不行的问题，你说不行，但她必须堕胎就不得不做，这种手术不仅仅出于医学上的理由，它还具有社会原因。"

"是这样。"

他想，千鹤子就是社会原因了。

虽说他喜欢千鹤子，但目前西谷还没有勇气答应千鹤子生下这个孩子。在经济上他可以尽他所能，可是把孩子生下来，包揽下由此带来的一切，就西谷目前的地位和处境来说是非常困难的。

"总之，既然你有那么多的担心，还是做好避孕措施吧。"

"的确是这样……"

"现在没做避孕措施吧？"

"就是计算排卵期"。

"那怎么行，你讨厌用避孕套？"

"我谈不上喜欢，可是她却坚决不愿意。"

"是吗？"

"她说她讨厌避孕套。"

"一般说来，对女人这不会有太大区别。"

"可她坚持说难受。"

"怎么会呢……"

"倒不是实际的感觉让她不舒服，为了不让她生孩子才带避孕套，这件事本身令她厌恶。"

"她是希望和你没有任何隔阂吧？"

村井仰头喝干，把空杯放在吧台。

"看得出，她非常爱你啊，不容易。"

"那也不见得，那家伙有时候还红杏出墙呢。"

西谷拿起酒杯，有点不好意思地说。

"但是总不能老这么一不留神就怀上吧，要不就做绝育手术吧。"

"那怎么行。"

"那样就没什么好担心了呀，再说也不用过半年就来求我一次。"

"放心是放心了，可是永远不能有孩子了，这怎么行？"

"这话也是她说说的？"

"她说了，再说我也不愿意。"

"那么，你还想让她给你生一个喽？"

"现在没这个打算。"

"现在不打算，那么将来……"

"这倒说不准，反正再也生不了的话，让人接受不了。"

"这倒还真不好办呢。"

村井自己往杯子里倒满后，一口喝干了。

"不过，她一定希望有个孩子吧？"

"有时会提出来。"

"她想要，但看你不吭声，只好忍着是吧？"

"可能是这样的。"

"她忍住不说出口，你就觉得她更加可爱。"

"是这样。"西谷老实地点头承认。

"可是你总不可能一直混下去吧，你太太知道她吗？"

"应该知道吧。"

"知道了什么都不说？"

"她大概以为我现在不至于会动真格离婚吧。所以没把她当回事。"

"那么事实上你也是这么想的?"

"是啊,有那么点。"

"那你现在到底喜欢谁呢?"

"那当然是她。"

"但还没喜欢到想和她结婚?"

"一来有孩子,再说,讲老实话,这会儿离婚,再重新组织一个家庭也太麻烦了。"

"就是说你没有精力和勇气了。"

"是这样。"

西谷避开村井的目光。自己的确喜欢千鹤子,但并不想耗费精力闹离婚,闹完离婚再结婚,自己确实没有毅力和勇气去面对那样的麻烦。

"看来,你这家伙也不是个逢场作戏,玩一下就拉倒的人。"

"花钱买个良宵这事谁都会,那种事没什么可吹嘘的。"

"不过一个有妇之夫还和别的女人动真格,这事也没什么可以自以为是的。"

"我可没有自以为是。不过,弄个一夜情,看起来是玩得很潇洒,但这种男人其实是个胆小鬼。"

"真的?"

"那还用说,要我说,花花公子都是害怕纠纷,所以浅尝辄止,这种人打开始就是个懦夫,没有一点勇气。"

"他们觉得勇气不该用在这种地方。"

"没有勇气对待爱情的人,也不可能有勇气对待事业。"

"他们可没把两件事一样看待。"

"可是花花公子的精力都是用在女人身上的。"

"那倒是。"

"所以他们不具备真正的勇气。"

"但是，太有勇气的话，也不好办啊。"

"你这是在说我？"

"你是个半拉子。"

"为什么？"

"你有勇气和她缠缠绵绵在一起，却没有勇气再朝前迈一步，和她一辈子厮守偕老。"

"你这么说我，那你又怎样呢？"西谷反问村井。

"我连你一半的勇气都不具备，从这个意义上说，你胜过我。四十不惑的男人，为一个女人痴迷到这个分上不容易啊。"

"你这是讥笑我？"

"哪里，我这说的可是真心话。"

西谷喝起酒来便很少吃东西，两人的面前已经放着三个空酒壶，村井又叫了一壶，并给西谷倒上。

"今天还去她那儿吗？"

"她应该已经去夜总会了，不在家。"

"是吗？"

"要不要一起上她那儿？"

"别人的女人看了也无济于事呀，再说也不用那么着急，反正能见到。"

"你这家伙……"

反正村井是会看见千鹤子最私密的地方，还能仔细观察。

望着身旁端起酒杯的村井，西谷不觉有点嫉妒。

四

第二天,千鹤子去了村井医院,经诊断已妊娠三个月。

这事是西谷下了班到千鹤子的公寓听她说的。

"我请医生明天给我做手术。"

"明天?"

"是啊,总归要做掉的,还不如趁早的好。"

"说的是不错……"

千鹤子背冲西谷对着镜子在梳头。银座的陪酒女一般都是傍晚六、七点到店里,但千鹤子只要八点去就行了。

"明天是星期六,店里客人不会多。这样的话星期六手术,星期六、星期天请两天假休息。这一阵手术后好像不如以前恢复得快了。"

"那么村井答应了?"

"他说另外有两人预约了人工流产,我就排她们在后面。"

既然医生和被手术的都说没问题,西谷也没话可说了。

"你说明天不好?"

"没有……"

女人说想快点做人流,把孩子做掉,男的当然没有什么理由说不好。

不过刚被诊断怀孕,第二天就马上堕胎,这种行事方式让西谷心里有点别扭。同样是人流,他想总该先有个过程,比如说犹豫再三,生还是不生;或者发生点争执,一个说要生,另一个说不行。诸如此类,最后再做出决定。

最早那几次,千鹤子很容易地就答应堕胎,但几次以后她便不甘心地问西谷:"真的不能生下来吗?"可最近几次大概是死了心了吧,她不再多说什么。这次是第六次了,千鹤子也没对西谷说"让我生下这孩子吧"。

如果千鹤子真的这么说,还哭哭啼啼地跟他闹的话,西谷也只能无言以对,可是她太简单地同意了,也不哭不闹,这让西谷反而有点失落。

"你都想好了?"

"想不想好都得做掉的。"

被千鹤子这么一说,西谷无言以对。

"总不能老是挂着这张皮包骨头、病快快的脸去上班吧。"

千鹤子说的理由非常现实。可西谷倒是想听听她为肚子里的婴儿说些什么。

"这回是第六个啦。"

西谷想起那个即将被葬送的胎儿,心里不由得有种沉重的犯罪感。

"第一次请村井医生做手术时,我让他们把胎儿给我看了。"

"村井给你看了?"

"是我求他的,他说一般是不给看的。"

"为什么你要看呢?"

"也不知怎么搞的,突然就觉得自己受不了了。"

千鹤子手里拿着梳子,双手放在膝盖上,眼睛怔怔地盯着镜子。大概是怀孕的关系,千鹤子皮肤暗淡,脸已经瘦成了个倒三角。

"那婴儿已经有手有脚,脸庞也看得清了。"千鹤子脸朝着镜子说。

"以后再生吧。"

"别说什么谎话了。"

"我其实多么想要这个孩子,你不相信?"

西谷声音激动。

"那我就相信你。"千鹤子嘴上顺从地回答,但看得出她并没把他的话当真。西谷望着千鹤子的背影,突然觉得千鹤子其实内心倔强,和她温顺好脾气的外表完全不同。

"你就看了这么一次?"

"对啊,我都后悔不该看的呢。"

千鹤子站起身,在衣柜前准备连衣裙去夜总会。不知是不是心理作用,千鹤子穿着吊裙,小肚子那里显得有点鼓起来。以前千鹤子有一次怀孕四个月才做的人流,那会儿她光着身子时肚子明显地鼓得大大的,原本苗条的她有了四个月的身孕真的就显山露水了。

这么一个单薄瘦小、骨盆狭窄的女人,居然能每半年就怀上一次,西谷真觉得有点不可思议,从这点讲千鹤子倒更像一头太有生育功能的雌性动物。

"唉,今天真有点提不起劲头来。"千鹤子站在衣柜前,用手把头发朝脑后捋了捋。"今天就请假不去了吧?"

"明天手术是几点?"

"村井让我十点前到。"

"那么十点半左右开始吧。"

"大概是的。"

千鹤子从一大堆连衣裙里,挑出一条白色针织质地的,西谷看着她穿上。就在她快打扮整齐时,西谷说道:

"今天就休息,别去了吧。"

"休息了,干什么呢?"千鹤子对着镜子一边扣上胸前的扣子一边问道。"你能住在这里?"

"嗯……"西谷觉得自己在一点点地越陷越深,不过他好像并不介意。"那就住这儿。"

"真的？那我就不去了。"千鹤子就地转了个圈，原本的无精打采一扫而光，笑容转眼浮了上来。

"嗳，带我上哪儿吃饭？"

"那就去六本木。"

"太好了，我换一下衣服，你等一会儿。"

"这裙子就挺好嘛。"

"不嘛，换一身素雅点的。"

千鹤子说着又脱下刚穿上的连衣裙，换上了一件白色上装，里面衬了件无袖水珠图案的背心。

西谷一边看千鹤子换衣服一边想起自己家的事。最近，西谷平均一星期有一天住在外面，都是在千鹤子这里。起初他还糊弄一下妻子，说招待客人啦，再就是出差啦，最近他也不说什么了。住外面也不事先说一声，第二天回家也不作解释。碰到这种时候，他妻子当然不高兴，但也不揪住他追问。

现在他和妻子好像都习惯了西谷一周一次的外宿，两人都觉得也就这么回事了。

"嗨，今天可是最后的晚餐啊。"

"最后的晚餐？"

"不是吗？这孩子明天就死了。"

这么残酷冷血的话，千鹤子居然说得坦坦然，西谷大为吃惊，可千鹤子还在欣欣然地照镜子。

他俩在六本木附近的牛排店吃了晚饭，又到霞町的酒吧稍喝了一会儿，十点多钟回到千鹤子的公寓。

平时，千鹤子在银座的夜总会要干到十一点出头，下班后有时还要陪客人去吃宵夜，所以十点对她来说夜晚还刚开始呢。

"明天做手术早点睡吧。"

"好吧。"

千鹤子对明天的手术还是很当回事的，她听话地铺好了被褥。千鹤子不喜欢睡床，这在单身女人中真不多见。她每天晚上在榻榻米上铺上被褥，第二天再折叠整齐收到壁橱里。千鹤子这种传统的生活方式也是西谷喜欢她的地方。

"你也休息吧。"

"嗯。"

刚才倒在沙发上的西谷站起身，脱衣服。

千鹤子动作麻利地换上睡衣，卸了妆。西谷也关了电视，躺了下来。平时在千鹤子这里过夜，大部分都是从银座的夜总会出来再回这里，所以睡觉都要一两点了，这么早就睡下实在少有。

"明天以后要好几天做不了了。"借着灯光，千鹤子喃喃道："今天好好抱抱我。"千鹤子照例把头蹭上西谷的胸口，西谷抱住千鹤子，解开她睡衣的扣子。

千鹤子虽然身材娇小，但乳房丰满高耸，西谷在和她亲热时总要先亲吻一下。这会儿西谷的嘴又凑了上去，千鹤子的乳房比平时大了许多，乳晕也变深了。

"碰到会不会痛？"

"有一点，不过没关系。"千鹤子的声音听起来已经躁动起来，"想到被你抱着真是太好了。"这话大概不假。

西谷在乳房上亲了几下，抱紧了千鹤子。千鹤子那才一掌粗的纤纤腰肢，居然一次又一次地怀过孩子，而且现在还有一个生命在这里存在，这让西谷很难相信。

"嗳……"

千鹤子奔放起来,西谷也越来越亢奋,亢奋中西谷想到这个女人明天将躺在村井面前,接受手术。

麻醉,在熟睡中流血,被夺走胎儿,这一系列血淋淋的想像令西谷对千鹤子升腾起无限的爱怜。

五

第二天,西谷中午过后来到千鹤子的公寓。千鹤子在这之前三十分钟做完手术回来,已经躺下休息了。

"怎么样?"

"做完了。"千鹤子在被子里回答,眼神恍惚。麻药已经过了,但那眼神里分明还有麻醉的余音。

"痛不痛?"

"有一点,身体里面火辣辣的。"千鹤子舌头不听使唤地说。

"要不要吃止痛片?"

千鹤子点点头,头转向枕头一侧。

"是不是这个药片?"

"那是防止化脓的,止痛片是那个红色纸袋。"

西谷打开红色纸袋,撕开,倒入千鹤子的嘴里,千鹤子躺着吞下,又喝了一点西谷端来的水。

"手术怎么样?"

"打了麻药,什么都不知道。"

美砂似乎有点钻进牛角尖了。或许是因为好友康子抢先一步订了婚,美砂内心情不自禁地有点焦急;亦或因为康子寻觅到了如意的郎君、即将步入婚姻殿堂,令她少许心生嫉妒了吧。所以,仅仅一次遭到回绝,便想法极端地认定康子冷淡了自己。即使两人的友谊出现问题,也不能全都归之于康子,不能衷心地为好友订婚、找到自己的幸福而祝福,也是造成问题的原因之一,它毋庸置疑地暴露出美砂心胸不够宽广的一面。

不过话又说回来,似乎康子的态度也确实有几多不妥。

或许从康子的立场讲,因为两人亲密无间,所以无话不可说、无所顾忌、畅所欲言,但毕竟关于逸见的话题如林山积、翻来覆去,从两人一起去的什么餐厅,到散步逛的什么马路,事无巨细地一一道来。虽说作为朋友,真心为你高兴的话默默地听就是了,可这样无休无止地大谈自己的男友,也怪不得美砂会心生不满。

说话者本人或许不觉得有什么,但又怎么能不顾及听话人的感受?

常言道:"女人难伺候",大概就是指的这种自我中心、不考虑别人的情况吧?其实,不管自己多么快乐、幸福,考虑到对方的情绪和心境,就不应当喋喋不休地自顾自说话,而是稍稍谨慎些、有所顾忌,或者叫适可而止。

不管怎么说,女人一旦有了心爱的人,整个人都会发生变化。就拿康子来说,以前康子对医学毫无兴趣,可自从跟医生谈起了朋友,嘴里竟时常不由自主地蹦出"Kranke"、"Essen"之类的德语单词来,结果弄得连美砂也知道了"Kranke"就是"患者"的意思,而"Essen"则是"就餐"。

简直从头到脚都被男友感染了。

像这样因对方而轻易地改变自己的女人,美砂不以为然,她认为女声音就知道她很不高兴。

西谷打开电视,电视正在重播一个星期前的电视剧,西谷漫不经心地看着。

周六的下午,这么一个天气爽朗的初夏的日子,谁都不会想到西谷此刻就这么静静地看着电视,陪着一个熟睡的女人。妻子可以猜到千鹤子的存在,但她决不会想到西谷就这么一动不动地守着她,这情景她一定想像不到。想到自己为了千鹤子,就这么悄悄地守候在她身旁,西谷觉得欣慰。

三点了,西谷开着电视机,打了个盹儿。

"喂……"被千鹤子叫醒时已经四点多了。他抬起身,看见千鹤子在被子里望着他。

"怎么啦?"

"你一直都在这儿啊?"

"那当然。"

"我做了个梦,梦见到处找不到你。"

"怎么会。"

"我梦见自己手术前突然害怕起来,想让你呆在我身边。"

千鹤子从被子里伸出手来,不知是不是手术关系,她的双臂苍白无力。

"握住我……"

西谷屈膝挪过去,紧紧握住了千鹤子那苍白的手。千鹤子的手软绵绵的。西谷想起迄今为止,每次千鹤子做人流,他既没去送过,也没有在手术后去接过她一次。反倒是妻子,做了唯一的一次人流,他还亲自开了车去接回家的。

"痛吗?"

"身体里面还是烧得慌。"千鹤子皱着眉。

"再吃点药？"

"我还忍得住。"

"肚子饿了吧。"

"因为要上麻药，早晨就没吃东西。"

"那给你叫一份外送的寿司？"

"我还想喝点汤。"

"其他还想吃点什么？"

"有没有什么清淡点的东西，冰箱里不知有没有？"西谷起身到厨房。

"有西柚。"

"就要西柚吧。"

西谷在厨房将西柚切成两半。

等千鹤子吃完寿司，已是傍晚时分。

"嗳，今晚还可以陪我吧？"

"嗯……"

今天再不回家，就是接连两天在外过夜了，以前西谷还从没有过连着两夜不回去的。上次千鹤子人流时，他也就在手术当天住了一晚。

"陪陪我好吗？"

"……"

"别走了，你走了我痛起来怎么办呵，就住这吧。"

千鹤子带着命令的口气说道。西谷想，手术当天晚上就将她一个人扔在这里也的确于心不忍，这也不是经常有的事，她已经失去了孩子，还要忍着痛，想想也太可怜了。

"好吧，就住这了。"

"太好了。"千鹤子躺着，两眼闪闪发光。

那天晚上十点,西谷和千鹤子并排躺下睡了,大概白天都睡过了的缘故,两人都不太困。

"下次我们一定要做好措施,别再怀上了。"

"什么措施?"

"有好多办法,比如避孕套……"

"我不喜欢。"

"可老这么下去,你身体要搞垮的,村井也说最好要避孕。"

"我不管医生怎么说,反正我讨厌,身体垮了是我自己愿意的。"

"为什么……"

"带着套套做爱那是骗人的把戏,我要的是你实实在在的东西。"

"千鹤子。"

西谷将千鹤子猛地搂紧在怀里,千鹤子那瘦弱的身体翩翩然如羽毛般没有一点分量。

六

隔了一天,星期一下午,村井打电话到西谷的公司。

西谷替千鹤子道了谢,并说"过两三天正打算去看你。"

"有些事,我想和你谈一次。"

"什么事,突然这么认真。"

"现在不太好讲,你说话也不方便,今天下了班你来一下吧。"

"大概要九点左右,没问题吗?"

"没关系,我等你。"

电话就这样挂了。西谷参加了一个客户的新公司落成典礼,结束后到村井家已快九点，村井收拾着已准备出门，正在穿西服。

两人来到四天前曾一起去过的那家小饭馆，在吧台上落座。因为已过了晚饭高峰，店里客人不多。

"让你费心，谢谢啦。"

西谷拿起啤酒杯和村井轻轻碰了一下，喝了一口说。

"你说有事，到底是什么事。"

"就是你那个女朋友。"

"出什么问题了？"

"放心吧，手术做得很顺利。"

"那又怎么了？"

"我想你可能还没发现，她好像有点中毒了。"

"中毒？什么中毒？"

"戊硫代巴比妥。"

"戊硫代巴比妥？"

这药名西谷从没听说过。

"这是一种麻醉剂，上次千鹤子做人流时，就是用了戊硫代巴比妥麻醉。这种麻醉剂也有药片，但一般都是将药粉用蒸馏水稀释，再进行静脉注射。目前一般医院在做人工流产时，通常都用这种麻醉剂。"

"是这样。"

"既然是麻醉剂，那么用了肯定会睡着。如果是作为睡眠药，它的剂量是相当大的，所以醒来时人会感觉昏昏沉沉。如果注射过多的话还会引起呼吸麻痹。所以这种药虽说很普通，但如果剂量用错的话就很可怕。"

"那你是说千鹤子有戊硫代巴比妥中毒现象？"

村井点点头。

"你能确信？"

西谷觉得自己比谁都了解千鹤子，他不相信她中毒。

"你不相信也难怪，但上次给她注射麻醉剂时她自己坦白的。"

"她怎么说的？"

"手术前打静脉麻醉，一般的女病人都有点恐惧，至少会害怕，可她一点都不紧张，非常镇静。"

"她做了那么多次，已经习惯了吧。"

"我开始也这么想，但这种麻醉剂，根据剂量不同作用也不一样。戊硫代巴比妥是一种睡眠剂，但剂量少的时候又是一种兴奋剂，注射后人就像喝多了酒，话也多了起来。所以精神科也用它帮助了解患者心理深处的想法。"

"那么千鹤子说什么了？"

村井拿出香烟，点上。

"刚注射少量下去后，她便说话了，神情陶醉起来：'医生，我最喜欢这个麻药了，那进入梦乡的瞬间太美妙，太舒服了。'"

"后来呢？"

"再推进一点药剂后，她便不停地自言自语'太好了，真舒服啊'。最后她还说'有这个盼头，做人流也不怕了'"。

"真的…"

"当然是真的，你不信的话，我把那几个当时在场的护士叫来。"

"照你这么说，她是为了要注射那个药才去堕胎的。"

"这应该不是她事先预谋好的吧。可能在反复多次的手术中用了这个药，不知不觉上瘾了，也不知什么时候还喜欢上了，觉得打了麻药那么舒服。"

"……"

西谷糊涂了。每次乖乖地去堕胎的千鹤子，难道心里还藏着这么个令人吃惊的念头。

"那家伙可想有个孩子了。"

"我相信。不过,在想要孩子的愿望下面,她还喜欢上了戊硫代巴比妥,这也是事实。"

"我真不敢相信。"西谷低声说。如果在堕胎的同时千鹤子居然还会偷尝中毒的快感,那么,西谷对千鹤子的同情心有了稍稍的改变。

"那么,这到底是什么时候开始的?"

"我也问她了,好像是从前两次开始的。"

"前两次?那就是说,是第一次在你那里做人流时起。"

西谷说时,突然想起一件事。

"那次该是她让你给她看胎儿的时候。"

"你听说了?"

"上次听她说的。"

"她说一定想看一眼。结果她战战兢兢地看了一眼便掉过头去了。这么说来,就是那次开始她体会了麻醉的快感。"

"那前一次她也有反应吗?"

"现在回想起来,上一次注射时,她的样子就一点不害怕,反而高兴地躺在手术台上。打麻药前她还说'多来一点。'后来药一推进去,她就说'太好了',转眼舒服地睡着了。"

"有没有其他病人因为这种麻醉而中毒上瘾的?"

"这是比较特殊的药,一般不会轻易搞到手,所以由此引起的中毒上瘾不太多见,但它既然是一种大剂量的睡眠药当然可能引起中毒。"

"照你这么说,人流做多的女性都会中毒喽。你不是说七次不算最多的,有人还做过十次呢。"

"不是所有多次人流的女性都会这样，有些人会，有些人就不会。"

"这话怎么说？"

"就是说有人容易引起药物中毒，也有的人不容易。她应该是属于容易中毒的类型。"

"为什么……"

"原因有很多，根据人的性格，环境都会有差异。"

"……"

"反正，你要和她谈一次，让她引起注意。"

"这可怎么对她说呢。"

"是不太好开口啊。"这下村井也不知怎么说好了。

七

第二天，西谷下班后去千鹤子那里，正好她刚要出门去上班。大概手术后已经过了四天，千鹤子的脸色基本已恢复正常。眼光重新温和起来。

"身体怎么样了？"

"还有一点出血。"千鹤子一边回答，一边煮上咖啡。

"昨天我见到村井了。"

"我手术后还没去过呢，他说什么了没有？"

"手术的事他倒没说什么，讲了点其他的事。"

千鹤子将咖啡放在西谷面前。

"他说，你好像有点麻醉中毒。"

"他还是告诉你了，那医生真是个傻瓜。"

"别瞎说了，村井说戊硫代巴比妥中毒很麻烦的，现在还没关系，真的上了瘾就很可怕的。"

"我可没有中毒。"

"可村井说你说太舒服了,还求他多打一点。"

"打完了能睡着,那当然舒服啦。你感觉自己在慢慢地沉下去,沉下去,一直滑入那甜梦乡,那个时刻的感觉真是无法用语言来描述,就像要上天堂去了。"千鹤子眯起眼睛,回味起那个瞬间。

"这么舒服,就是中毒的前兆了。"

"照你这么说,那我该怎么办。"

"反正要当心一点了。"

"当心不当心,堕胎时都要打那麻醉药,那有什么办法,怨不得我呀。"

"村井说了,中毒也有性格上的原因,你别再那么让自己陷进去了。"

"我偏要陷进去。"

西谷惊讶地看着千鹤子。千鹤子坐在对面的凳子上,抱紧了双臂。

"我就是因为有这么一点点的盼头,才有勇气去手术。"

"可是……"

"那么羞辱,那么痛苦的事,要是没有麻醉后的那份极乐,我真的受不了。"千鹤子的一双大眼睛,泪如泉涌。

"这有什么好哭的呢。"

"你根本不明白做女人的痛苦。"

"不是这样的,我知道对不起你。"

"我快要疯了,所以就想手术时能不能有一点点让我开心的事,现在终于在麻醉后要睡着的时候,我看见自己和你在一起。"

"在一起?"

"是,我迷迷糊糊中看见你在为我担心。"

"别说了,我都知道了,下次不再做人流了。"

"那你是答应让我生下来?"

"不对,是一定不能再让你怀上了。"

"我不愿意,我早就说了。"

"可这样下去又会怀孕。"

"怀就怀,怀了再做。"

"你这么胡闹身体就跨了。"

"我不管这些,我就是想中毒上瘾,把这子宫、身体都毁了才好。"

"你胡说些什么傻话,别任性了。"

"我没任性,除此之外我还能怎样啊。"千鹤子拼命摇头。

"怀了孕再堕胎,你以为这是逗能啊。"

"我可以做的只有这个,你只有在堕胎这一件事上是听我的,也只有在这个时候你才会为我担心。"

"……"

"已经流掉六次了,所以你觉得对不起我,才对我这么好,只有做人流时,你才对我这么温柔,才会住在这里——我说的没错吧?"

"不是这样的……"

"怎么不是?你一开始就不想让我生下来,你是个大骗子,谎话连篇的大骗子!"

"别说啦。"

"我偏要说!我还要怀孕,一次又一次怀孕,怀了再流,我要让你无路可逃。"

千鹤子咆哮着,大滴大滴的泪珠淌下来,流到脸颊上。西谷看着她,心想,今晚又要住下了。

回放的录像带

一

河野从银座的"麦克伦"夜总会出来，正是午夜十二点。

夜总会应该是十一点四十五分结束，这会儿已经过了关门时间了。

其实所谓的关门时间，是指那些没被客人指名的女孩子可以回家了，但只要还有客人在，超过三十分钟或一个小时是很平常的事，接客的陪酒女当然也会留下来。有时即使过了关门时间，只要有客人进来，小姐们照样也会笑脸相迎。

为了挣钱，哪能死抠什么关门时间。

河野今天来"麦克伦"夜总会，是招待客户，一个钢铁厂的重要负责人。

如今，河野在一流的大贸易公司S商事的机械二部任部长。这一阵，一星期中总会有一两次这样的应酬，招待客人在银座一带转着圈儿喝酒。

在外人看来，河野现在活得挺滋润，经常出入高级料理店，吃着山珍海味，在夜总会被美女包围。可招待客户时，你哪还有兴致品酒，连美女都顾不上细看。

出了店门，河野把那当官的送到出租车站，这才来到他熟悉的"中寿司"，在那里等广美。

广美是"麦克伦"的陪酒女，今年二十三岁。今年四十九岁的河野，正好和广美差两轮多。

河野在夜总会，一般不太喜欢找太年轻的。年轻的女孩当然富有朝气，身材体形也好，看着非常养眼，但这仅仅只是外表，当你坐近和她聊上几句，便会觉得实在乏味。

因为年轻,缺乏阅历,所以谈吐稚嫩,那是很正常的。可她如果认为自己年轻,男人都会趋之若鹜,摆出一副自以为是的态度,那河野马上兴趣索然。

确实,出入酒吧、夜总会的大部分以四、五十岁的客人居多,这些稍稍上了点年龄的客人,自然比较喜欢年轻的女孩,但事实上并不是年轻便什么都好。河野喜欢不仅仅年轻,而且要具备与她的年轻相得益彰的女人味,并有一定教养的女孩。

从这点看,广美虽然年轻,却端庄稳重。她长得不算漂亮,娇小的身材,是个招男人喜欢的姑娘。广美到"麦克伦"才两三个月,今天是她第三次接待河野,她为人低调,不矫揉造作。

坐在一起时,只要店里的头牌陪酒女在说话,她便老老实实在一旁附和。只她一个人的时候,却天南海北,谈锋甚健,思路也相当敏捷。看得出来,她是个很知道分寸的人。

河野和广美在夜总会外面见面,今晚还是第一次。

老实说,原先河野今天并没打算约广美,结果带着客户到了"麦克伦"后,碰巧广美坐在他身边。

就这样,两人说了一个多小时的话,不知不觉熟了起来。河野随口说了一句:"怎么样,下了班一起去吃点寿司?"没想到,广美很乐意地答应:"好啊,那就带上我。"

以前也有过几次,夜总会关门后,河野带上陪酒的女孩一起去小酒馆、饭店吃东西,但很少一对一两个人去,大部分是一两个客人带上两三个小姐。

河野想,广美和自己并不是太熟悉,她嘴上答应,但一定还会再拖上一两个女孩一起来,或者根本就爽约了。

河野一个月去"麦克伦"两三次，但他并不是广美的客人，也不很熟稔。这样一个叫座的年轻女孩，下了班，没必要再来应酬他。

所以，河野并没抱什么希望。心想，不来也罢。

四十九岁，正是男人打拼的关键当口，能不能再高升一步就看现在了。这时候，被一个陪酒女孩喜欢也好，讨厌也罢，都是无足轻重的了。两个人单独相处，一不小心喜欢上了倒还麻烦呢，河野在心里这么告诫自己。

毫无自信的河野，设想了无数个广美不会如约而至的理由。可他嘴里吃着寿司，眼睛却一刻不停地留意着店门口。

一切出乎意料，河野在寿司店坐下不到十分钟，广美就来了，而且只有她一个人。一定是河野走了之后，她就收拾好赶过来的。

刚才在店里，广美穿了一件针织连衣裙，显得非常年轻，看上只有二十来岁。现在，她又在外面加了一件黑色领子的深色大衣，那张带点孩子气的脸一下子显得妖娆起来。

不是自夸，广美让河野眼睛一亮，比起寿司店里另外几个陪客人来的酒吧女，广美玲珑可爱。

一进店门，广美轻轻抬手冲河野招呼着，径直走来。

"让你久等了吧，对不起。"

"哪里，你这么快就出来了。"

河野挪开身边座位上的大衣，把自己左边的位子让给广美。

"来点什么？"

"那我就不客气了。"广美脱下大衣，用毛巾擦了擦手，环顾了一下，点了金枪鱼。

"这里的寿司很不错的。"

"是啊，味道真好。"

广美嘴里塞得鼓鼓的，看得出来，她是真心觉得好吃。不像有些个陪酒女孩，硬要摆个架子。河野越来越觉得，这个年轻，又不做作的广美很合自己的意。

"是不是，原来另有约会？"

"没有啊。"

她回答得老老实实，没有故作姿态。有些陪酒女孩明明没有其他约会，偏要假模假样做出另外有约的样子，好像她是勉为其难跑来似的。

"你什么时候到这个夜总会的？"

"三个月前，是九月份。"

"这以前呢？"

"那之前干过半年招待。"

"是这样。"

河野想，怪不得广美不太有世故气。

广美先吃金枪鱼，又要了鲣鱼、虾、海胆。碰到海胆这种价格比较贵的，广美点之前还特意问一声："我要这个没关系吗？"

河野当然不会说不行，但广美这事先一声征询，让河野觉得她是个很知道自重的姑娘。

最后，广美又要了一个普通的紫菜饭卷，吃完后，她一边拍了拍肚子，一边说："太好吃，再也吃不下了。"

广美的吃法犹如邻家女孩，自然朴素，让人看着也舒服。不像有些陪酒女孩，吃寿司时耍派头，尽点些贵的，最后又吃不完，剩下一扔了之。

"你在哪做过招待？"

"在新宿。"

"那怎么会来这个夜总会的呢?"

"我有个朋友在这里,她介绍我来的。"

"你朋友,叫什么名字?"

"叫明美,不过现在已经不干了。您认识她?"

"噢,有一点点印象。"

那女孩有一两次被派到过河野的位子上,河野只记得她个子很高,其他就没印象了。

"今天怎么没叫上志保?"

"没有啊,为什么?"

"部长是志保照应的客人,所以就我一个人跑来吃了这么多好吃的,总觉得不太好。"

"志保也就是照应我一下,仅此而已,我和她没什么其他关系。"

广美听了点了点头,不再吭声。

所谓照应客人,就是这个客人结账时,有一个专门负责的女孩。照应河野的一直是志保。那个志保,今天倒是对河野说了句"带我去哪儿吃饭吧",但河野因为已约了广美,就说"明天要起早,今天回家了",拒绝了她。按客人和陪酒女之间的规矩来讲,今天河野是该带着志保和广美两人一起来的。

不过,河野和志保单纯是客人和陪酒女的关系,他们已经认识两年,也知道了彼此的脾性,这会儿也不可能再有什么进展。

"我没跟志保说来吃寿司,你可别告诉她今天上这里来了。"

"你这人真坏啊。"广美轻轻瞪了河野一眼。

"不过,我这人身上也有好东西啊。"

"就我一个人吃了那么多好吃的,真有点过意不去。"

"你可别这么想,不再吃点什么了?"

"我真的吃饱了。"

"你不太能吃嘛。"

"哪里,我可吃了不少。"

广美喝了口茶,突然想起什么似的。

"对了,那就让我打包一盒行吗?"

"打包……"河野觉得奇怪,自己刚才还说吃饱了,干吗还要打包一份呢。

"好啊。"河野心里诧异,嘴上回答得非常爽快。

"厨师,要一份打包外带。"

"好嘞。"

厨师响亮地答应道,这一声吆喝唤醒了河野尘封的记忆。

眼前的情景似曾相识,它和河野记忆深处的某一个遥远的场面如出一辙。河野在心里纳闷,这世上竟然会有如此奇妙,如此不可思议的事吗?多年前的一幕,渐渐变得图像清晰起来。

二

那时河野二十六岁,大学毕业后过了三年。

当时,河野和一个名叫千景的女孩同居。千景在新宿一家叫"花马车"的夜总会做陪酒。那"花马车"当时是新宿规模最大的夜总会,千景是那里一个非常叫座的陪酒女。

千景长着一双大眼睛,很好强,性格有点像男孩子,非常豪爽。

河野被公司里的前辈带去夜总会,在那里认识了千景。后来才知道,前辈S其实也喜欢千景,但千景却对河野这个涉世未深的小伙子更感兴趣,在河野出门回家时,千景悄悄地对他耳语:"下次你自己一个人来,钱你就别管了。"

说实话,这是河野生平第一次到这么高级的夜总会,也是平生第一次被陪酒女灌下迷魂汤。

就这样,他被千景缠住,住到了一起。同居后,河野很少再回自己的公寓,每天上班都是从千景的公寓出门。

他和千景同居了两年,最后被老家的父母知道了。由于父母和周围的朋友一致反对,所以他俩最终没能结婚走到一起,从此各奔东西。

撇开结果不说,在两人同居的时候,河野是的的确确爱着千景,千景也毫无疑问爱着他的。

那事发生在两人同居半年左右。

那时候夜总会十一点关门,但经常不能准时下班,有时要陪客人吃吃饭应酬一下,所以千景回到家总是凌晨一两点了。

这么晚,河野不可能每晚等她,否则第二天上班就要迟到了,所以大部分时候千景回来前他就先睡了。

那天晚上,河野照例先睡下了。河野睡觉前喜欢看看书报杂志,那天看着看着又睡着了。

"庸,庸。"

河野的名字叫庸平。河野这么被千景唤醒已是凌晨一点半了。

千景的公寓,一间四帖的客厅连厨房,另一间是八帖房间。因为房间不大,所以尽管河野已经睡下,千景回来,他总能听到一点动静。

"嗯……"河野睡眼惺忪地睁开眼睛,看见千景正在和式衣柜前解和服的腰带。

"你肚子饿不饿?"

"嗯。"

千景一般傍晚六点出门去店里,出门前她通常会给河野准备好晚饭。有时梳头穿衣搞晚了,她会事先打电话到公司。"晚饭没来得及准备,你在外面吃了再回来吧。"

那天河野也是在外面吃的饭,到了这深更半夜,还真有点肚子饿了。

"我带了很好的寿司回来,你起来吃一点吧。"

那个年代,虽然过了战后最贫困的时期,但物资依然很贫乏,寿司可算是很高级奢侈的食物了,所以尽管有点犯困,河野还是起来了。

千景在睡衣外披了一件睡袍,把带回家的打包盒解开。

"看!不错吧,这是'菊寿司'的寿司,那家店在新宿是最有名了。"

寿司显然是刚捏出来的,还有点温热呢。河野在睡衣外套了一件短棉褂,在电被炉桌前坐下。

千景端来酱油和小碟,放在河野面前。

"味道怎么样?"

"嗯,太好吃了。"

这寿司和河野以前学生时代吃过的,或下班在外吃的便宜货完全不同,饭团上的生鱼片又大又厚,味道鲜美。这价格大概也是普通寿司的几倍吧。

"你不吃一点?"

"我不吃了,刚才已经在那里吃饱了。"千景神情满足地看着河野狼吞虎咽。

"这是谁给买的?"

"是一起去吃饭的客人,他对我很中意,经常来店里。"

"那家伙是个干什么的?"

虽说还给打包带了一份寿司,该谢他才是。但河野有点担心他死缠着千景。

"他叫大村,在一家大的服装公司当部长。"

"他是不是喜欢你啊?"

"应该是这样的吧。"

"你好像对他也有点意思。"

"你说什么傻话,我有你呢。"

"女人可是经不住男人穷追不舍的。"

"那部长可不是这种人,他挺绅士的,仅仅是作为客人觉得我挺可爱吧。"

"真是那样的话就好。"

"他和我年龄相差两轮多呢。当部长的,钱是不少,但我对那把年纪的人可没兴趣,看他很关照我,所以就陪他吃了个饭。"

千景的话让河野的自尊心很是满足,但他嘴上还是有点不甘。

"那些家伙反正也是吃公款,你不吃白不吃。"

吃着别人送的寿司,嘴里说着恬不知耻的话,这正是既没钱又没地位的男人的自卑表现。

"可是,有他们这些人花钱,我们这些人才有饭吃呀。"

"那倒是。"

"我给你倒茶。"千景在厨房忙活。河野已经把那盒寿司干掉了一大半。

"今晚可真冷呀,这个冬天最冷的一天了。"

千景竖起睡袍领子,把茶端来放在河野前面。

"那我全都吃啦。"

"吃吧。"千景看着河野轻轻笑起来。

"怎么了?"

"看你吃得真香。"

"可不,真是太好吃了。"

"那就好,带回来给你还值了。"

千景深情地看着河野,望着自己心爱的人心满意足的样子,千景为自己的付出感到欣慰。

那个让千景打包寿司的男人是个怎样的男人呢?河野不由得在心里做着种种猜测。

按千景说的,那个男人应该五十出头,大公司的部长,那么对千景说来是个好客户。

河野想像着那个中年绅士当时让千景打包的情景,这一想像倒使河野突然涌起一阵歉意。

"这寿司,你是怎么要来的?"

"我就说我能打包带一份回家吗?"

"可他以为你是一个人住的呀。"

"那还不好说吗,我说我和妹妹住一起。这么一来,他反而说,你妹妹这么晚还没睡等着你,怪可怜的,给她带去吧。你看,这男人有多傻吧。"

"傻……"

"就是啊,他一点都不怀疑,这会儿他一定不会想到是庸在狼吞虎咽呢。"

河野一下子没了食欲。盒子里还剩了些紫菜卷、乌贼，都是些他不太喜欢的东西，但这并不是他没了胃口的原因。

河野猛地喝下一杯茶。

"怎么不吃了？"

"嗯。"

千景奇怪河野怎么突然不吃了，她站起身从壁柜里取出被子。

"今天冷，再加一床被子吧。"

河野看着千景铺被子，脑子里又想起那男人来。

一个五十岁的男人，家里一定有一个四十过半的妻子，膝下有两、三个子女，大的可能都大学毕业了。在公司里当部长，出入这些高级俱乐部，应该说他的仕途一帆风顺。

为了获得这些地位和金钱，他付出了他的青春年华。他自己应该最清楚，和他的仕途正相反，他的身体一天天地在衰退，在走下坡路。

河野联想起自己公司里的部长，部长那张有点憔悴的脸。

那个男人之所以出入千景那家夜总会，不仅仅是为了招待客户，他还应该有一份奢望，在年轻女孩的陪伴下，找回一点逝去的青春。否则他也不会出了夜总会再请千景吃寿司，甚至让她带一份回家。

千景说他是个绅士，其实是他顾及自己那张大公司部长的体面，害怕追不到女孩，反倒丢了面子，失了自尊，所以行事小心罢了。但内心里，他和那些好色的中年男人没有任何区别，这就是所谓的男人。

那男人慷慨地让千景打包回家，还用车送她到家门口，都是他的私心在作祟。他竭力想博取年轻女孩的欢心。女人觉得这样的男人是个傻瓜，可对这一切，男人是动了真格的。

这么一想，河野开始觉得自己有点对不住那男人了。

自以为有女人爱着，听凭她去撒谎，践踏别人的好意。他穿着短棉袄，享受着女人的宠爱，吃得悠然自得。

但是，不容置疑的是，我的青春，我的活力也在慢慢地、一点点地失去。

有一天，当青春不在，我会怎样呢。我不可能再像今天这样，依赖一个女人的爱活下去。我也会老去，也会像那个部长一样，被年轻女孩盘算着哄上几句，到那时候，只能靠钱让女孩来搭理你了。

这一天，不是也许会到来，那就是他的未来，确确实实等着他呢。

只要你无法逃避衰老，无法抗拒时光从身边流逝，那么吃别人的白食寿司也好，被女人宠着悠悠自得也好，一切都是过眼烟云。再过两年，或许三年，你结了婚，有了家庭，那么这眼前的好光景就一去不复返了。

到那时候，该是轮到你买了寿司，被别的男人嗤笑了。

河野被自己的遐想吓了一跳，他慌忙抬起头，显得焦虑起来。自己真是个自以为是的男人，不能再这样满足于现状，沉溺于眼下的生活了。

"怎么了？突然表情那么沉重。"

正在镜子前卸妆的千景问道。千景是个女人，她觉得现在和这个自己喜欢的男人实实在在地相爱着，这就足够令她满足了。

"你不吃了吗？太可惜了，那我给你收起来，明天早餐吃吧。"

千景将剩下的寿司收拾起来。河野喝着凉茶，眼前恍惚着那个令人怜惜的男人的身影。那身影渐渐地和自己的重叠在了一起。

"啊哟！两点了，快睡吧！"

千景贴近过来，身上一股诱人的芳香。那张略施粉黛的脸充满了期待。

河野掐灭烟头，钻到被子里。千景又查看了一下门锁，关上房间的大灯，点上枕边的红色斗笠台灯，也躺了进来。

午夜两点，周围一片寂静，除了远处传来的汽车喇叭声，一切静悄悄的。

在昏暗的灯光中，河野继续着刚才的思绪。

现在和将来，时代可能变迁，但衰老无法抗拒。总有那么一天，自己和那男人一样将迈上同样的年龄。

你可能觉得这一天离自己那么遥远，可事实上这一天将很快如期而至。

河野想像着自己的将来。再过二十年，自己就四十六岁，从中年迈向老年，如果没有什么特殊情况，他还会在现在这个公司。如果顺利，他也该当上了部长，抑或是哪里的支店长，那么招待客户，应酬啦，晚上也会经常出入夜总会之类的地方。到那时，对年轻女孩来说，自己虽然有钱有地位，但已人到中年，她们对我也会兴味索然。更何况，到那时自己还不知道是否具备那样的地位和经济实力呢，如同今天那个买寿司的男人。

河野叹了口气，他第一次这么认真地去思考自己的今后。千景在被子里悄悄伸过脚尖，这是让他抱住她的信号。

自己年轻，又有女人爱着，吃着别的男人买来的寿司，自己真是个幸运儿，不是每个人都会有这种运气的，这大概是年轻所具有的特权带来的额外收获吧。

那么，既然是额外收获，就不会好运常在。人都会慢慢衰老，总有一天，自己和那男人一样也会步入中老年的行列。

到那时，如果我有了那男人同样的地位和经济能力，我希望自己也能和那个男人一样，只要那女孩开口，就默默地买了外卖让她带回家去。就算那外卖是为那个男孩，那个在女孩公寓等着的男孩吃的，我也不要去追究，更不要生气，或愤慨。如今自己这么幸运，那么为后来的年轻人做点什么也是理所当然的义务。

所谓的因果报应，就是因和果的循环，也就不可能总是好运连连。既然有风调雨顺的好时光，也会有背运的天灾人祸，那时就只好听凭摆布了。这便是自然的规律。

河野想像，自己青春不在的时候，微微一笑替别人买寿司的样子。人家说有妹妹，那就别去问个究竟，坦坦然地埋单，既然已准备施之于人，那就不要有疑人之心，要做个有心胸解人意的男人。

这样才对得住自己年轻所受的一切恩惠。

这么一想，河野好像总算给自己找到个理由。对刚才的那番狼吞虎咽，终于可以心安理得了。

三

眼前，那位厨师正精神劲儿十足地捏着寿司，捏完的寿司一个接一个整齐地摆放在盒子里。

广美看着寿司被一个个装上，悠然地喝着最后一杯热茶。

望着面前的场景，河夜在心里计算，自己和千景同居是多少年前的事了。

那时，自己大学毕业刚三年，二十六岁，离现在已经二十三年了。

这个女孩是不是也和当年的千景一样，让客人给自己埋单，把这份打包外卖深夜带回去给自己喜欢的男人一饱口福呢?

"有个客人对我很中意,那人都五十岁啦。"

广美说着,把盒子递给等着自己的男人,那男的穿上短棉褂,大咧咧地爬起来,接二连三地把寿司塞入嘴里。

"好吃吗?"

"嗯,真不错,你不吃一点?"

"我在寿司店已经吃了不少了。"

"那男人没想到是给我吃的吧,就这么乖乖地埋了单,够蠢的。"

男人一口一个,风卷残云,广美在一边看得心满意足,忙乎着给他添上茶水。

人们对自己经历过的事,总是想像得比较逼真,轻易地就把自己的所作所为移花接木到他人身上。

河野把自己当年和千景的关系,正好套用在广美的身上,这两者之间除了横跨着二十余年的岁月,其他什么都没有改变。

这盒寿司到底是给谁吃的呢?河野实在难以抑制住心里的好奇心。他既不愤怒,也不可惜,河野只是想知道一个结果,只想能证实一下。

"你家住哪?"河野绕着圈子,小心地问道。

"在神宫前。部长您呢?"

"我住涉谷。"

"噢,那很近啊,送送我吧?"

"好啊。"

广美回答得滴水不漏,神情自然。河野又拿了一支烟,点上火。

"住在高级公寓?"

"我哪有能力住高级公寓,只是普通的公寓房。"

河野吐出一口烟，鼓起勇气问道。

"你不是一个人住吧？"

"开始就我一个人，现在和妹妹在一起。"

"妹妹……"

一瞬间，河野语塞，自己的猜测好像都被应验了。二十几年前的事，竟然像被灌制成了录像带，历历在目地回放在他面前。

"您怎么了？"

"噢，没什么……"

"平时打扫卫生，做晚饭都是妹妹帮着干的，难得带盒寿司回去拍拍她马屁，让她高兴高兴。"

"你妹妹多大了？"

"比我小两岁，二十一。"

广美对答如流。如果是谎话，不至于说得这么不露破绽吧。

但又一转念，能这么对答如流，也可能是她经常撒谎。自己当年不就见识过这么个女孩嘛。

"你妹妹已经睡了吧？"

"是啊，不过听说有寿司，一定会高兴地爬起来。她最喜欢吃寿司了。"

我曾经也是这样的。河野的脑海里浮现出的不是她妹妹，而是一个男人在吃寿司。

"部长，你不给家里带一份回去吗？"

"我家里那一位早就睡下了。"

"不过，给她带去，一定会高兴的呀。"

"都这把岁数了，也不想讨老婆欢心了。"

河野竭力掩饰住内心的七上八下，可就是无法平静下来。难道是自己在嫉妒吗？嫉妒这么一个素昧平生、想像中的男人？

那个男人吃着我埋单的寿司，一男一女穿着睡衣卿卿我我，可能还会一起笑话我，"那个傻瓜部长"。

河野如坐针毡地坐立不安起来，自己怎么还能这么若无其事地坐着等那份寿司。

"部长，您怎么了？突然严肃起来。"

"没有啊……"

"是不是想起工作上的事了？"

"嗯，突然想起一件多年前的往事。"

"多年前的往事？"

"别介意，和你没关系。"

河野手脚忙乱地又点上一支烟。

我这是胡思乱想些什么呀，不就是一盒寿司嘛，哪值得这么小肚鸡肠。就算这盒寿司是那年轻小伙子吃的，如果这寿司能让那小伙子高兴，能让他填饱肚子，不就是件好事嘛。

想想自己的过去，难还有责难别人的道理。

青春终将不再，人人都会有这一天，这是因果报应。我不是曾发誓：当我不再年轻时，我也要像多年前的那位部长，就像他当年为千景打包买寿司一样。眼下，我也不该嫉妒，心胸放宽点，埋单就是了。

只是，这一天竟然来得这么早。说实话，我自认为这一天离自己还遥远得很呢。不过既然早晚要面对这一天，那又何妨它今天来临，这样我不必终日惶惶不安了。

"让您久等了。"厨师响亮地一声招呼，递上寿司盒。

"那我就不客气啦。"

"哪里哪里。"河野佯作平静地站起身。

"谢谢您的招待,太好吃了。"广美彬彬有礼地道谢。

两人走出寿司店,已是凌晨一点。深夜的银座依然车水马龙。河野预约的出租车,早已等候在 K 会馆前面,他俩在那上了车。

"那就先送我回家,可以吗?"

"行啊。"

这会儿,河野对广美并没抱着戒心。如果他还别有居心的话,那就要继续转到六本木或是赤坂,到那里再喝上一阵,然后绞尽脑汁说些甜言蜜语。但是,河野已经没有这样的精神头去追女人了。

况且,那盒寿司引起河野一连串联翩的浮想,那些想像早把他对广美的兴趣一扫而光。

汽车由电通大道往日比谷方向驶去。

"今天太开心了。"

"是吗?"

吃完寿司,两人的交谈就有点心不在焉了。河野是半中间没了兴致,倒是广美,满心欢喜的样子。

"下次再带我来啊。"

恍惚的灯光下,广美转过头对河野说,她那原本孩子气的脸上透出妩媚的气息。

这女孩一定不简单哪,她外表纯情、天真,其实一定和一个男人在一起,以前做女招待,可那男人不好好干活,所以难以维持生计,这才跑到夜总会来的。

河野的猜测又在一个劲地往那个不相识的男人靠拢。

车已开过青山大道,一直往涉谷方向驶去。车子在二丁目路口左拐,到了第二个路口,广美探身对司机说:"就停这里吧。"

只见三两家小酒馆还亮着灯,周围是漆黑的大楼和一些住宅小楼。

"部长,那我就在这失陪了。"

"你住的公寓在哪呢?"

"就在这小路尽头,很近的,不用管我了。"

在家附近下车,不想完全让你知道她的住所,这是有男朋友的陪酒女惯用的伎俩。显然,广美也不愿让人清楚自己住在哪儿。

"是吗?"河野朝小路看了一眼。

"部长,祝您晚安。"

"晚安。"

下了车,广美挥了挥右手,车子启动了,她左手提着寿司快步朝里面走去。

"再去哪里?"

"涉谷的南平台。"

"明白了。"

车子调转头,又驶向青山大道。

快到圣诞节了,大道上缀满了灯饰,透过玻璃窗,可以看见餐厅灯火通明,一对对男女衣着鲜亮地在共进晚餐。

"这世上竟有这样的巧合。"河野喃喃自语道。

"您说什么?"

被司机一问,河野才意识到自己刚才的自言自语。

"噢,没什么。"

河野打了个哈欠,闭上眼睛。眼前立刻浮现出八帖的房间,广美在换衣服，倒茶，脚伸入电暖炕桌下。

"吃吧。"广美在笑。

"真够呛。"这次，河野不出声地在心里说。

都快五十岁了，竟然还不能大彻大悟，越上了年龄还越学会嫉妒了。

男人的嫉妒，真是死到临头也难改啊。

河野望着车外灯光闪烁，微醉的脑子里回忆这二十余年的经历，总算明白了这个道理。

扼杀胎儿

一

"幸坂医生,您的病房来了个新病人。"

幸坂医生一到护士值班室,护士长松浦茂子就对他说。

"是几号病房?"

"312室。病人叫佐野久美子。"

护士长从病历卡柜子里取出一份崭新的病历。今天是星期五,下午正好没有手术,护士们不太忙,一起围坐在中间的大桌子边上叠纱布。

"才二十一岁啊。"

"乍一看还是个孩子呢,真不能想像,肚子都那么大了。"护士长回答。

突然,幸坂大声叫起来:"这是怎么回事?!"

"怎么了?"

"要做引产?"

"好像是这样的。"

"是谁让这么做的?"

"是井田医生给看的门诊,病历上有井田医生的签名。"

"井田医生?"

幸坂又重新查看了一遍病历,在住院病历后夹着一份门诊病历。

"住院,人工终止妊娠。"

病历上写得明明白白,后面是主任医生井田的签字:"Dr. K. IDA"。

"有什么不妥当吗?"

"不是妥当不妥当的事,妊娠八个月了。"

"是啊。"

"什么是啊!将一个已经八个月的胎儿终止妊娠,你知道这会有什么结果?"

护士长不吭声,眼睛看着手中的住院预约单。

"井田医生,不会是疯了吧?"

"您怎么能这么说……"护士长责备道。

井田是比幸坂年长十多岁的前辈,在这所城东医院任妇产科主任。幸坂只是一个年轻的医生,刚从大学毕业两年。幸坂实在想不明白,像井田这样经验丰富的老医生,居然会那么轻率地决定将八个月的胎儿引产。

"会不会是搞错了。"

"可是病人自己打算要堕胎,对吧,内山?"

护士长问身后叠纱布的年轻护士。

"刚才我给她去送住院手术单,她还问什么时候手术。"

"原来是这样,所以今晚要放水囊球。"

所谓水囊球,就是在软的橡皮球上连上橡皮管,在给妊娠月份较大的胎儿做人工流产时,将它放入子宫,等待子宫口张开。根据妊娠月份的不同,水囊球放入的时间也不同,如果是五个月左右的胎儿,大概需要插入两天左右,当子宫口张开时,就可将胎儿引产。

"八个月的胎儿基本上都已经足月了,怎么还可以打胎呢?"

幸坂上大学时,从没学过给八个月的胎儿打胎,只听说有八个月的早产,没听说过八个月做人流的。

"这也太胡闹了吧,护士长,你说是不是?"

护士长今年四十一岁。她二十岁正式当护士,一直在这家医院,五年前升任为妇产科护士长,是一个经验丰富的老护士了。幸坂说话的口气完全是医生对护士居高临下的态度,但要论经验,年轻的幸坂比起护士长来实在是望尘莫及的。

"我也没听说过妊娠八个月做人流的,但那是井田医生的决定。"

"就算是井田医生的决定,也太出格了吧?"

也许是碍于井田主任,护士长不正面回答。

"这事要在医科大学,非得被教授画鸭蛋了。"

幸坂觉得自己年轻,所以护士长没把自己当回事,于是就把大学也给搬了出来。可是,护士长依然不作声。

"这太叫人吃惊了,我简直怀疑井田医生还有没有基本常识。"

"但井田医生一定有他自己的想法才这么决定的。"

"不管是什么想法,总不能给八个月的胎儿引产,这胎儿已经五官分明,现在生下来完全都可以存活的了。"

"我不知道,这是井田医生的指示,你去问井田医生吧。"

"我当然要问,不管是谁,我不会由他胡来的。"

幸坂说完,拿起病历奔了出去。

二

这所城东医院,原来是一家慈善医院,开在低收入者比较集中的地区,后来移交给了东京都。医院一共有八十个床位,作为公立的综合医院来说规模不算大。

但这家医院历史悠久,它建在大正时代,十五年前重建时改为钢筋结构了。如今医院的内墙已经斑斑驳驳,相当陈旧,但它地处低收入者人口集中的地段,而且交通便利,所以经常挤满了患者。

妇产科主任井田敬一郎是六年前来到这家医院的。

之前,井田在M大学医院的妇产科当副教授,不知什么原因,他突然就辞了职,来到这所城东医院。

谁都搞不明白,眼看就能升任教授的井田,为什么突然辞去大学医院的职位,跑到这么个虽说是公立,但规模不大的小医院。

当时有种传说,说是他太优秀了,所以被教授排挤,也有的说是他受够了大学里的论资排辈。但这些都仅仅是传说而已,从没得到过他本人的证实。

对此,井田本人只是笑笑,说是为了换换心境。但大家一致公认对城东医院来说,井田是有点大材小用了。

井田今年四十五岁,作为一个妇产科医生来说,正值黄金年龄。

一些大学医院的年轻医生,慕名来找井田医生学习,他们觉得,与其在大学对着那些老资格医生低头哈腰,不如跟着井田主任,这样既能迅速学到东西,又心情舒畅。

幸坂从大学转到这家医院,也是冲着井田主任来的。他希望能跟着井田一起问诊、手术,让自己尽快成为一个可以独当一面的医生。

可是这个井田居然要让一个八个月的胎儿流产,这个决定按常规来说实在太离谱了,别说幸坂,谁听了都会吃惊的。

幸坂拿着病历,径直来到三楼的主任办公室。

"怎么啦?"

看见幸坂神色严峻地闯了进来,井田放下手中的书。

"这个,您知道吗?"

幸坂把病历递给井田。

"今天住院的佐野久美子。"

"知道。"

"你看看这处置,住院,中止妊娠。"

井田主任拿起病历:"这又怎么了?"

"这人已经妊娠八个月了。"

"好了,你坐下。"

井田好像明白幸坂想说什么了。他示意幸坂在对面的椅子上坐下,接着从口袋里掏出香烟。

"这是您写的吧?"

"是我决定的。"

井田拿起桌子上的打火机点上烟,吸了一口回答。

"从医学常识来讲,正如你说的,将妊娠八个月的胎儿中止妊娠做引产手术,的确不太多见。"

幸坂听到自己的想法得到认可,松了口气似的。

"但这只是一个原则。"

"那您是说,这个患者不适用这个原则?"

"是的。"

"为什么?"

"你给病人诊断过了吗?"

"没有。"

幸坂哑口无言。自己既然是那位患者的床位医生,那么首先应该对患者进行诊断。即使有不同意见也应该在做出诊断的基础上提出来,不做诊断便跑来兴师问罪也太轻率了。

"刚才我在值班室看到病历,吃了一惊……。"

"事实上，那个患者还是个未婚女孩。"

的确，那份病历上配偶那栏是空白的，妊娠史，生产史都写着"无"。

"可是，既然她怀孕了，总该有个人承担责任的吧。"

"说的是，可不知道这个人现在在哪里。"

"这是什么意思？"

"你可以去问她，听说是走了，再也没回来。"

"就算是这样，给八个月的胎儿引产中止妊娠可是犯了大忌的。"

"大忌？"井田手里拿着烟低声重复。

"且不说三、四个月的胎儿，一个八个月的胎儿是完全可以存活的了，就这样悄悄地手术给葬送了，万一被告发了，是要受到法律处罚的呵。"

"嗯……"

"也许这些话不该是我这种无名小卒说的，但是优生保护法规定只有三种情况可以做人工流产，一是父母有遗传疾病的，二是母亲因病无法承受妊娠，再就是经济情况极其困难，无法抚养孩子。"

"你说的完全没错。"

"那你是说，她符合其中的哪一条？"

"很遗憾，她不符合其中的任何一条。"

"那你是准备无视法律喽。"

"嗯，这个嘛……"

"请你解释一下。"

幸坂第一次用这种剑拔弩张的口吻对井田主任说话。他也觉得自己是不是有点说过火了，但话已经从嘴里冲了出去，再说他想自己的确没说错。

就算他是主任医生，自己有必要伸张正义的。

"要是触犯了法律,你打算怎么办?"

"那我就说胎儿不足八个月。"

"你说什么!?"

"如果把它作为是三、四个月的胎儿,那就是常见的人工流产手术了。"

"你怎么可以……"幸坂愣住了,自己一向敬重的前辈居然会这么说,这对他的打击实在不小,这那里还像是个医生的所作所为。

"那太卑鄙了。"

"也许吧。"

"主任!"

幸坂真的义愤填膺了,他生气井田竟然无视法律,要把一个八个月的胎儿引产中止妊娠,更气愤的是被自己指责为卑鄙时,井田还若无其事,轻描淡写地来句"也许吧"。他憋足了气要和井田理论个明白,可井田的态度,却让他猝不及防地扑了个空。

"你疯了吗?"

"没有,我很清醒。"

"总之,我坚决反对做这个手术。"

"那还真不好办了,我原想今晚请你给她放置水囊球呢。"

"这么残酷,毫无人性的事,我不会做的。"

"那么就让野川君上吧。"

野川比幸坂高三届,在妇产科井田主任手下只有野川和幸坂两位医生,住院病人也是由他俩分别担任床位医生的。井田除了朋友或托关系介绍来的病人,基本不直接担任床位医生。

"野川医生如果知道是这么个情况,他也会反对的。"

"这个我就不清楚了。"

"你如果去问大学医院的教授,他们肯定也说这个手术不能做。"

"那当然,他们只会死抠课本,根本不了解病人的实际情况。"

"不,这和病人的实际情况根本无关,戮杀一个八个月的健康胎儿是不人道的,是一个人道主义的医生不该做的。"

"人道主义?"井田用手抵着下颚,兴味索然地喃喃道。

"我没想到你是这么个不负责任、草菅人命的医生。"

"你可以随便怎么看我,我想知道的是,这个放置水囊球的活,你是肯定不干喽?"

"很抱歉……"

"好吧。"

"如果你对我不满意可以开除我。"

"不,我不会开除你。"

"为什么?"

"要是每次被人反对,我都开除他,那么有再多的医生也不够用了。"井田站起身来说。"你的意思我知道了,我想,你还是去见见病人,和她好好聊一聊。"

"即使谈了,事情还是这样,我不会赞成这个手术的。"

幸坂说着,施了个礼,快步走出井田的房间。

三

虽说在主任面前说得酣畅淋漓,幸坂对312病房的患者还是放心不下。

反对归反对,为什么八个月还要中止妊娠,这个患者究竟遇到什么事了,幸坂觉得自己有必要直接了解一下。

出了主任办公室,幸坂径直来到312病房。

这病房是六个人的大房间,新来的病人躺在右边最靠窗的床上。

"你是佐野久美子?"

幸坂问,病人在床上点头,随即她整了整衣领坐了起来。

她个子不高,脸瘦瘦的,到底是有八个月的身孕了,看得出她下半身已经很沉重了。

不了解情况的,一定以为她是来住院生孩子的,谁都不可能料到她是来引产中止妊娠的。

"因为要做一份住院病历,所以有些情况我想问你。"

佐野久美子老实地点点头。

"请你到护士值班室旁边的门诊室来吧。"

幸坂考虑到大病房里还有其他病人,既然她八个月了要做引产,一定有什么难言的苦衷,如果有旁人在场,病人可能就不愿如实相告,那么在门诊室的话,没有旁人在场,她会放心地说出真相。

佐野久美子十分钟后出现在护士值班室边上的门诊室里。她在碎花和服外面套了一件红条睡袍。

佐野久美子躺在床上时显得身体娇小,这会儿站起身来个子高高的呢,这就是说,她的腿应该很长,如果没怀孕的话,身材一定不错。

门诊室的右边挂着布帘子,帘子后面是检查床,床前放着简单的桌椅。

看见佐野久美子怯怯地进来,幸坂示意她在桌子前的椅子上坐下。佐野久美子环顾了一下四周,拖着身怀六甲的身子坐了下来。

幸坂第一次从正面仔细打量佐野久美子,她高鼻子,双眼皮,头发从正中朝两侧分开,短发齐肩,发梢稍稍打着卷。

只看她的脸,简直还是个少女模样,但她面容倦怠的神情,呼吸时肩膀微微地一上一下的样子，都证明她是个百分百的孕妇了。

看着眼前这位无助、令人怜惜的女孩，幸坂觉得让她把八个月的胎儿引产，那实在是犯罪。对井田的决定，不由得又气愤起来。

"作为医生，我可能要问一些涉及你个人隐私的问题，请你如实回答。"

"是。"

佐野久美子的声音轻得几乎听不见。

和这么年轻的患者单独谈话，幸坂是有点顾虑的。他是医生，和患者没有任何感情纠纷，但病人有时会觉得医生太年轻，不愿开诚布公说出自己的真实想法。

从这点来讲，作为妇产科医生，年龄大一点就比较有利，可这会儿，幸坂顾不得许多了。

幸坂点上烟，开始了他的问题。

"你要做的是中止八个月妊娠的手术，这是你自愿的吗？"

佐野久美子双手放在膝盖上，点点头。

"你不想把它生下来？"

"……"

"再过一个多月，一个健康的婴儿就呱呱落地了啊。"

佐野久美子不回答，她低着头，白皙的脖子隐约可见。

幸坂觉得再追问下去有点残酷，于是改变话题。

"你老家在沼津，你离开家乡来到东京，在 K 商事工作？"

"是的。"

"请原谅，能告诉我他是干什么的吗？"

"在一个乐队干。"

"那么是在什么俱乐部干吧？"

"是的。"

"你和他好上后怀了孩子,那么现在他人呢?"

"他不在这里。"

"去哪里了?"

"开始是去了新泻。"

"跑得够远的。"

"搞音乐的经常四处漂泊。"

"他知道你怀孕了吗?"

她微微点头。

"知道了,也不回来?"

"八月份回来过一次,但又走了……"

"你和他同居过?"

"四月份前我们在一起,后来他就不回来了……"

"他没说这孩子怎么办吗?"

"……"

"他什么也不说?"

"他说,随你便……"

"他有钱寄来吗?"

"没有。"

"既不寄钱回来,想走就走,孩子的事也不闻不问,天下怎么有这种不负责任的男人。"

容易冲动的幸坂,生起气来。

"你不知道他原来是这么个不负责任的人?"

"……"

"开始可能不了解，认识一段时间后，你应该有所察觉的呀。"

"是。"

"既然知道他不负责任，为什么不马上做人流手术呢，你应该知道，三、四个月的话手术会简单很多。"

佐野久美子低着头，过了半晌说："他有一次说，那就生下这孩子吧。"

"什么时候？"

"六月份……"

六月份，应该正是怀孕三个月左右，如果做流产，那是最合适的时候。

"那以后，他又说随你便，而且再也没回来。"

"不过他有时候也回来。"

"回来时，他又说让你生下孩子？"

"他没有这么明确说……"

"于是你拿不定主意，犹豫了。"

从她的话可以推测，自初夏开始，整个夏天她内心一直犹豫挣扎，考虑生还是不生。

"就算是这样，可八月份后他就再也没回来，那时，你为什么不果断一点呢？"

尽管是事后诸葛亮，可幸坂实在惋惜，那时候她如果来医院，情况会完全不同的。

"那以后，他有时打电话回来。"

"他怎么说的呢？"

"具体没说什么。"

"既不说让你生下来，也不说让你去做人流？"

"是的……"

"那时候，他人在哪里呢？"

"他不肯告诉我。"

"那你怎么就不想想，这种男人你等他也是毫无结果的吗？"

幸坂又对佐野久美子生起气来。那男人当然是不负责任，可女孩子在那时稍微果断一点的话，也不至于到今天这个地步，她对那男人太抱有幻想了。

"你呀，太糊涂了。"

佐野久美子被幸坂说得又低下头去。

"那么，你这次是真的看穿他啦。"

"前些天，我知道了他在哪里，去找过他了。"

"他在什么地方？"

"大森。"

"不在东京啊，那结果怎样？"

佐野久美子半天不回答，双手握紧了又松开，松开了又握紧，半晌，她叹了口气抬起头。

"他和别的女人在一起……"

"和别的女人同居了？"

佐野久美子点点头，双手捂住眼睛。

"这个混账的家伙。"

幸坂把香烟用力地掐灭了，如果那男人就在这里的话，他非把他揍得趴下不可，这个玩弄女性的混蛋。

"你一心一意地等着他，他怎么能丢下你又去拈花惹草的呢？"

就在幸坂愤愤的同时，佐野久美子眼泪夺眶而出。幸坂不知怎么去安慰她，眼睛只好又转向手中的病历。

"这么说，他是不可能再回来了，是吗？"

佐野久美子从睡袍口袋取出手帕擦干眼泪。那手帕是天蓝色的，四周缀满了精致的绣花。

"你现在还爱着他吗？"

"……"

"如果他现在回到你身边，你不会还想和他在一起吧？"

"他不可能会回来了。"

"我想知道的是，你现在还爱不爱他。"

佐野久美子抽泣着，不知怎么回答。

对这么一个伤害了自己的负心人她好像还是难以割舍，这也许不仅仅是出于她对那男人的眷恋，更是因为自己肚子里的孩子和那男人是无法分割的吧。

"你挺着这么个大肚子，家乡的父母亲知道吗？"

"他们不知道。"

"这还真不好办了。"

幸坂真的为难了，再这么问下去，他不由得要站到井田主任一边去了。

"你听着，把一个八个月的胎儿流产不是一件那么容易的事，这不叫流产，应该是早产了，它和普通的生产没有什么区别。"

"……"

"你肚子里的胎儿，不要说四肢，五官都已发育齐全了，生下来完全可以存活长大。"

佐野久美子的肩又在瑟瑟发抖，再说下去她一定受不了，但幸坂顾不得这些了，尽管有些残酷，但必须要对她讲清楚。

"八个月打胎这不是那么轻描淡写的事，这是杀人。"

"……"

"这么做的话,你和我都是凶手。"

佐野久美子终于忍不住放声大哭起来。

"这对孩子来说太残酷了,而且你的身体也会受到创伤,弄不好你就永远不能再生育了。"

"这是真的?"

佐野久美子一边抽泣一边问。

"当然,那是最坏的情况。"

幸坂慌忙订正道。这种可能是有的,但医生的义务就是要避免这种危险的发生。

"那孩子已经在肚子里动得很有劲了吧?"

"是的。"

胎动一般从五个半月左右开始,她感受到这个生命实实在在地在自己的肚子里应该有两个多月了。

"这孩子可是活生生地在你肚子里,你真的想清楚了?"

"……"

"你真的不想把它生下来?"

佐野久美子不回答,用手捂住眼睛陷入了深思。

"确实,你还太年轻,才二十一岁,你的人生还刚刚开始,可是……"

幸坂一时语塞,找不到恰当的话来。

"总之,给八个月的婴儿打胎这肯定是胡闹,没有一个医生会答应这么做的,这是地地道道的犯罪,一旦被告发,我们要受到刑事处置的。"

"对不起。"

佐野久美子深深地低下头,那一头柔顺的秀发遮住了她那泪流满面的脸。

"他肯定不会回来了吧?"

不知什么时候起,幸坂对那男人冒出了一丝期望。如果那男人还会回到她身边的话,那么她当然应该生下这个孩子。

"就你一个人,要把孩子拉扯大的确很难啊。"

这时,佐野久美子突然抬起头来。

"如果你们一定不能替我堕胎,那我就生下这孩子,我自己来养他。"

"你这话当真吗?"

满脸泪痕的佐野久美子咬紧嘴唇。这下,倒是幸坂不知所措了。

她真的能把一个孩子抚养成人吗?打量着眼前这个女孩,幸坂自己都不放心起来。

"就凭你一个人,你有信心把孩子带大?"

"我没有其他选择。"

"我也没说绝对不行。"

"医生……"佐野久美子施了个礼站起来:"请让我一个人呆一会儿。"

"好吧,你再仔细想一想。"

幸坂对佐野久美子说,其实,他自己也想一个人冷静地思考一下。

四

第二天是星期六。

早晨,幸坂觉得有点轻微的头痛,就向医院请了假。感冒倒是不太厉害,但昨天和井田主任的那番争执让他心里很是郁闷,他实在提不起精神去医院。

星期六，原本就上半天班。今天休息的话，紧接着是星期天，这样就可以两天不跟主任照面。事隔两天的话，那么发生争执后的尴尬多少可以缓解一些。

但是，好端端的，让他一整天呆在屋子里也怪难受的。傍晚，看着天黑了，幸坂打电话给高中的朋友今村，约了他一起喝酒，今村在商社工作。

他俩在新宿一连喝了三家，话题自然而然地转到佐野久美子身上。

"你说，怎么可以这么做？"

幸坂把自己和主任发生争执的事告诉了今村。

"那太过分了，你那医院如果这么草菅人命的话，我女朋友下次可不敢上那了。"

"不过，这次的情况是有点特殊。"

"大概比起正常的分娩，像她这样的人工流产更能挣钱吧？"

"那倒不是，像我们这样的公立医院，挣钱、赔钱和我们医生没有直接关系，主任这么做绝对不是为了钱，这一点是肯定的。"

"你认为这种做法是错误的话，当然应该抵制。"

"是啊。"

"你说的那个主任，太让人败兴了。不过，幸好还有你这样一位伸张正义的人，真令人欣慰。一定不要向那个老朽的医生妥协，走你自己的路。"

幸坂倒没以为井田主任已经老朽，但被今村这么一鼓气，幸坂的心情好多了。

他觉得自己得到了肯定，自己的想法没有错。

幸坂顿时充满信心，情绪高亢，他和今村又上别处喝了一气，这才回到自己的公寓，已经凌晨一点多了。

这么折腾了一晚上，幸坂第二天脑子还是晕晕乎乎的。

第二天，幸坂快中午才起来，正在看报，津田绘梨子来电话。

绘梨子是幸坂的恋人，K大学英语系毕业，现在一家教育出版社工作。他俩准备明年春天结婚，而绘梨子希望婚后能继续工作。

绘梨子请他去涉谷父母家里吃晚饭，可幸坂昨晚喝得烂醉，所以懒得动。

"那我做了便当给你送去吧。"

幸坂觉得在绘梨子家和她父母一起吃饭，还不如两个人呆在自己的公寓自在，绘梨子大概也是这么想的。

挂了电话，看了一会儿电视，已是傍晚时分。十二月份过了四点，天已经黑了下来。

望着窗外的暮色，幸坂又想起佐野久美子。

自己拒绝给她做引产的处置后，不知道野川是不是接受了。星期五那天，自己没再和主任说什么，也没有去护士值班室，到了五点就下班走了。野川那天下午去私人诊所出差半天，没在医院，所以幸坂也没能直接问野川本人。

插入水囊球的催产处置，指示上写着从星期五傍晚开始，如果要按计划做的话，那天只好由井田主任自己亲自动手了。

根据妊娠月份不同，水囊球的剂量也不一样，八个月的话大概要放200毫升左右吧。

具体的操作方法是：先将水囊球消毒，像卷烟似的卷紧，再用钳子夹住，从子宫口放进去，这时一定要注意不能捅破胎胞，一直把它推入子宫深处，然后把无菌水通过连接着的橡胶管灌进去。无菌水正好灌足水囊球的容量,再封住管子一头,不让无菌水发生逆流。

这样,由于水囊球的压力,附着在子宫上的胎盘就会剥离,促成流产。

如果想让流产加快,有时还会在体外绑上重物让它连接着手术台边的滑轮,持续牵引住水囊球。

幸坂想像着那个子宫深处已被放入水囊球的佐野久美子的样子。

原本因胎儿撑大了的子宫,又被放了那么大的水囊球,她的子宫现在一定变得异常大了。

一旦插入了水囊球,她就不能动了,她必须忍受三天或者四天,一直到子宫口开大,产期来临。

这段时间对一位女性来说,是如此的漫长难挨,紧接着她还要承受更加煎熬的阵痛。

患者忍辱负重,最后却一无所获,失去的是一个活生生的生命。

佐野久美子那苍白虚弱的身体能熬过三天或者四天的时间吗?幸坂在黑暗中想着这些,这时,绘梨子来了。

"怎么了,灯也不开?"

绘梨子穿着红色立领的短外套,喇叭裤,显得年轻飒爽。

绘梨子今年二十三岁,打扮得精干利索,像个男孩,怎么看也就二十左右吧。

"肚子饿了吧?"

绘梨子打开灯,从厨房拿来杯碟,解开便当盒。

这是一个双层便当盒,上面一层是菜,底下一层放着饭。炸鸡块、烤三文鱼排、奶酪火腿卷等等,菜都用锡纸分隔开,装得整整齐齐。

"吃吧。"

幸坂拿起筷子,却没什么食欲。

绘梨子烧上水，冲好茶端了过来。

"怎么啦，无精打采的，出什么事了？"

"嗯。"

幸坂也想听听绘梨子的看法。

"我和主任吵了一架。"

"为什么？"

幸坂是自己的未婚夫，幸坂的事就是自己的事，绘梨子睁大了她那双原本很大的大眼睛。幸坂简单地说了一下星期五以来发生的事情。

"今村赞成我的意见，你认为呢？"

"我当然也觉得你没做错。"

幸坂料到绘梨子肯定会这么说，但由她本人亲口说出来，幸坂听了还是很高兴。

"把那么大一个孩子堕胎流掉，那是犯罪。要是我，一定生下这孩子。"

"即便你男朋友跑了，抛弃你不管了，你也会把孩子生下来？"

"你说什么不吉利的话。"

"我这只是假设嘛。"幸坂慌忙补充道。

"就算你不在，我也会生下孩子，因为那是我的孩子。"

"说的是没错。可将来，一个女人家只身带着一个孩子，这一辈子可是很不容易的。"

"可事到如今，她有责任啊。是她自己喜欢上了他，才以身相许，怀上了孩子，孩子在她肚子里长大了，这只能由她自己负责。"

"可是，佐野久美子的那个男人也太坏了。"

"男人坏不坏，脑子清醒的女孩应该一眼就识破了。"

"可是谁让她爱上了呢,就算知道他一百个不是,结果还是恋恋不舍,不能下决定离开他。"

"照你这么说,她应该引产,不要这个孩子喽?"

"我不是这个意思。"

幸坂是想站在井田的立场上和绘梨子讨论一下。

"反正,女方也有责任的。"

"但从她的角度说,许多事情她也是不得已。"

"她可能的确有许多难言之隐,可是拖了八个月也太糊涂了吧,她早该做决断的。"

"是啊,的确够糊涂的。"

"她脑子是不是有点问题呀?"

"那倒不可能。"

幸坂的眼前浮现出佐野久美子那无助的脸。

"反正,八个月的胎儿要被堕胎,这和杀人没什么区别,那孩子太可怜了,这一切,可不是孩子的错。"

"是啊。"

"八个月的话,四肢都健全了吧。"

"是男是女都清清楚楚了呢。"

"太可怜了。"绘梨子夸张地皱起眉头。

"可是,要生下这么个没有父亲的孩子,的确不是件容易的事啊。"

"这算什么理论?"绘梨子语气激烈地说。"这孩子生下来就没有父亲,太可怜了,这种想法太陈腐了,没有父亲的孩子是可怜的,这完全是男人的自以为是。"

"真是这样?"

"是八个月就被扼杀不能来到这个世上,还是做一个没有父亲的孩子,你说哪个更幸福?"

"你这么说的话,这事就没法讨论下去了。"

"社会上有不少单亲的未婚妈妈。"

"可那样的母亲是很辛苦的啊。"

"这些都是男人单方面的想法。生下一个没有父亲的孩子,女人不见得就不幸福。有了孩子女人的生活就有了奔头,有了奋斗的勇气,当个未婚妈妈比做一个嫁不出去的老姑娘不知幸福多少呢。"

"嗯,话是没错……"

"反正,准备打胎不要这孩子,就是胆小鬼的行为。"

确实,生下的孩子要是没有父亲,那母亲就太可怜了,这种想法可能有点主观,但总不能说没有父亲女人反倒幸福吧。有了孩子生活就有了希望,这也仅仅是女人打肿了脸充胖子的想法。幸坂在心里这么思忖,可是,绘梨子说的那些理论对他还是很有吸引力的。

"当医生的,觉得什么事都可以用手术刀来解决,我就受不了这种做法。"

"我可不是那样的医生。"

"反正,你应该坚决反对这种做法的。"

"可是,不知还有没有挽回的余地。"

"为什么这么说?"

"可能都已经做好了引产的准备了。"

"你不是床位医生吗?你不在怎么做准备?"

"嗯……"

幸坂支吾着,眼前又浮现出佐野久美子被插入水囊球后痛苦的表情。

五

星期一，幸坂终于打定了主意。

不管什么理由，八个月的胎儿是不应该再做流产处理的。这正如法律上所定义的，和人道主义是背道而驰的，完全是草菅人命，是医生的耻辱。

如果到了医院，发现佐野久美子已经被实施了流产的处理，他一定要阻止。如果主任一意孤行的话，他将毫不犹豫辞职，离开这所医院，他没必要留在这么一所医院里。

被今村、绘梨子打足了气的幸坂，犹如一出悲剧戏中的主人公一般，抱着英勇就义的气概去医院上班了。

星期一的工作日程要求每个医生先去查房，床位医生先探视一下自己的病人，然后再去门诊部。下午安排手术，如果没有手术，就会安排患者做检查。

上午九点，幸坂一到医院，就去病房转了一圈。312室归他管，他是必须要去的。

在去病房的路上，他问紧跟在他身后的分管312病房的护士小畑。

"佐野久美子情况怎么样？"

"佐野，就是靠窗的那个吧？"

"就是星期五住院、妊娠八个月的那个。"

"要做流产，已经插入水囊球了。"

"什么时候插入的？"

"星期五晚上，井田医生亲自做的。"

"还是做了。"

幸坂快步来到312室，推门进去。佐野久美子在右侧靠窗的床上躺着。

三天下来，她那原本消瘦的脸，埋在宽厚的枕头里，显得更加尖瘦，一副憔悴的模样。

"怎么样？"

幸坂凑近她的身旁问道。

"嗳……"佐野久美子的声音有点沙哑。住院时还是一双双眼皮的大眼睛，现在变成了不规则的三眼皮了。

"难受吗？"

"嗯"

你问什么，佐野久美子的回答都是一个字。大概逼近产期，她浑身乏力。

幸坂从护士手里接过佐野久美子的病历，打开。

在星期天的记录上，写着子宫口开大，3公分。那是井田的笔迹。看来，井田星期天还到医院来看过她。

"还是决定要做引产？"

幸坂把声音压得很轻，只有佐野久美子可以听见。

"是。"

佐野久美子的嘴巴动了动，声音轻得几乎听不见。

"你肯定不会后悔？"

"……"

"真的想清楚了？"

佐野久美子眼睛直直地盯着天花板，泪水慢慢流了下来。

"如果你现在改变主意，孩子可能还有救。"

听幸坂这么说，佐野久美子把脸扭向一边，肩膀颤抖起来。

幸坂知道再说下去，她就忍不住要哭了。佐野久美子尽管不说什么，但从她的表情看，她的内心依然还在挣扎。幸坂注意到周围的病人在朝这里张望，便从她的床边走开了。

查完312室，幸坂又到了313、315室看了看他负责的病人，然后回到护士值班室，把护士长叫到一边的沙发。

"佐野久美子的水囊球，是井田医生做的？"

"是的。"

护士长板着脸回答。星期五的那股火药味还没散尽呢。

"你能不能先把水囊球拿掉？"

"你想干什么？"

"这个你不必问，按我的指示做就行。"

"我是按井田医生的指示在做。"

"你能听井田医生的指示，难道就不能听我的？"

"你们两位医生的意见不统一，我没法执行。"

"你按我说的去做就行。"

"是井田医生说了要拿掉吗？"

"没有，但我认为应该停止这个措施。"

"我拒绝这么做。"

"什么？！"

幸坂只觉得一股热血往脸上涌来，脸颊不规则地痉挛着。

"你是想做杀人犯的帮凶吗？"

"……"

"这种手术无论从医学角度，还是法律角度都是不允许的，你难道不知道吗?"

"这你得去问井田医生。"

"那个患者其实是想把孩子生下来的,她星期五是这么说的,而且现在还在哭呢。"

"她当然希望能生下这个孩子。"

"那你还反对什么?"

"可她最后还是放弃了。"

"我听不懂你说什么。"

"你才根本不懂她的心情,所以还是别再自作主张的好。"

护士们在一旁有点担心地看着他俩剑拔弩张的样子。幸坂觉得有点尴尬,但又骑虎难下。

"我能理解她的心情,她其实是想要这个孩子的。"

"就算想要,但这个孩子没有父亲,将来她怎么把它抚养成人?"

"因为孩子没有父亲就认为这个女人不幸,这种想法也太陈腐了。"幸坂搬出绘梨子的话来,"只要生下来,做母亲的从孩子身上会找到自己的幸福。"

"真是这样吗?"

"你这种老姑娘当然不明白。"

"医生……"

护士长目光犀利地死死盯着幸坂。她那严厉端正从未得到过男人呵护的脸冷冰冰的,一双眼睛发出异样的光芒。

"医生,你太过分了,说出这么伤害护士长的话。"护士主任看不下去了。

"这事跟你无关。"

幸坂狠狠地把护士主任顶了回去。护士长低着头不作声，一动不动地站在那里。

"我没有说错，不管从医学的角度，还是人道主义的立场，都不会允许这么做的，哪个医科大学也没有这么教过。你们为什么就不能伸张正义，听听我说的呢？这么下去，一个生命将被扼杀，这个幼小的生命原本可以来到这个世上的，你们为什么就不能伸出手来救它一下呢？"

护士们围着幸坂和护士长，一片静默。

"我说错了吗，护士长？"

护士长慢慢抬起头，直视着幸坂。

"我听井田医生的。"

"你是肯定要做杀人犯的帮凶？"

"失陪了。"

护士长说完，冲出人群，走了。

六

下午有一例手术，病人四十五岁，子宫癌。井田主刀，野川、幸坂做助手。

幸坂实在不想和井田一起参加手术，但子宫癌手术需要人手，他只好去了。

手术两点开始，快到四点才结束。手术中，幸坂除了止血钳、止血夹这些工作上的简单用语之外，便一言不发。

手术结束，幸坂去洗了澡，回到科室，野川已经在那儿。

"主任让你去一下。"

"什么事?"

"一定是312室病人的事吧,你也别太傀了。"野川已经知道前几天发生的事了。幸坂照了照镜子,镇静了一下出去了。

从科室到主任办公室也就五十米的距离,幸坂慢慢理了理思绪,来到主任办公室。他敲了敲门,里面传来井田的声音。

"请进。"

幸坂深深吸了口气,推门进去。

井田正在桌子上写刚才的手术记录,见幸坂进来便站起身来,在近门口的会客沙发上坐下。

"找我什么事?"

"好了,坐下吧。"

幸坂看了看井田,在他对面的椅子上坐了下来。

"好像火气还没消啊。"

"是……"

幸坂低下头,心想,何止是火气,他根本看不起井田,井田竟然做出这种事来。

"你的心情我理解,不过,在这里我是主任,所以一切必须按我的方针办事,当然,出了问题由我负责。"

井田的语气很平静,但话的分量是很重的,就差没有直截了当地说:"你别在这里胡来。"

"我想你也不可能出去说,但我也不想被人知道我们给妊娠八个月的人做了中止妊娠的引产手术。"

"你既然怕被人知道,为什么还要这么做呢?"

幸坂瞪着井田。

"如果我们总得瞻前顾后地担心，我们所做的事是否符合法律规定，那我们可以做的事就非常有限了。有关人工中止妊娠的法律界定本身就值得推敲，母亲体弱无法承受妊娠，父母双方有遗传疾病，没有抚养孩子的经济能力，表面上只有这三个理由可以中止妊娠，但在实际操作上，这个定义已经被人们扩大化了，这就是说，优生保护法本身不切合实际，是个漏洞百出的法律。"

"但是，通常来说医生给四个月以下的胎儿进行人流，而八个月的胎儿被引产中止妊娠也太过分，也太残酷了吧？"

"是很残酷，但也有不得已而为之的时候。"

"但她真的不想要这个孩子吗？"

"她不想要，她对我说了，让我帮她拿掉这个孩子。"

"可她却明明白白对我说，她想生下这个孩子。"

"她可能有这个愿望，但又举棋不定。"

"所以你不能完全无视她要这个孩子的心愿吧？"

"她想要这个孩子是有前提的，那就是如果她和他能结婚的话。"

"我不这么认为，她之所以拖到八个月，就是因为想要这孩子……"

"她是犹豫不决。"

"但她如果根本不打算要这孩子，肯定早就采取措施了。"

"一个有血有肉的女人，她的行为不是用简单的道理可以解释清楚的，就在她拿不定主意的时候转眼已经八个月了。"

"那她不就是个呆子了？"

"这是你一个大男人的逻辑。"

"这话不是我说的，这是我认识的一个女孩说的，她说这个女人被男人抛弃后，还能熬到身怀六甲，就是因为她想生下这孩子。"

"那女孩子是因为自己没有经历过这样的遭遇，也没遭到男人的抛弃，才说这种轻描淡写的话。"

"反正，八个月的胎儿要被打胎，这是犯罪。"

井田沉默片刻，说道："这世上需要有这样一个冒天下之大不韪的医生吧。"

说完，井田从身后的桌子抽屉里取出一封信来。

"你看看这个吧。"

信封上写着：M大学医院妇产科，井田敬一郎先生。信的背面署名是河濑智惠子。

幸坂从已经开了封的信封中抽出信笺，信笺被折成三折，一共三页，但只有其中一页写满了字。

医生，我这就要去天国了，先生替我接生下来的太郎将伴我同行。我实在没有能力将他抚养成人，自从有了这个孩子，我失去了青春，失去了年轻女孩本该有的笑声，我变得一无所有。我真的累了，我甚至有点恨你井田医生，当初你为什么不帮我拿掉他。当然，一切都是我自食其果，再说，不能因为我，让医生您成为一个罪人。我和太郎走了，在天国，我俩会相依为命。再见了。

看得出，信上的字出自一个女性之手，字写得不是很漂亮，一行行歪歪斜斜地排列着，字迹大小不一，字里行间让人看出她内心挣扎已久，才做出了死的抉择。

幸坂将信反复读了两遍，井田说道：

"这个人也是二十岁，当时怀孕八个月。"

"主任，你没为她做人流？"

"这事发生在七年前，当时我还在大学医院，一直是循规蹈矩，按原则办事的人。那位患者几次哭着求我给她打胎，我都拒绝了。后来肚里的胎儿越来越虚弱，她又来过几次医院。"

幸坂又看手中的那封信，那陈旧发黄的信笺上，歪歪斜斜的字一个个如泣如诉似的晃动起来。

"那时候要是我替她手术的话，最后也不至于是这种结果。"

"她什么时候死的？"

"孩子生下一年后，她带着孩子一起煤气中毒自杀了。"

幸坂的眼前出现了一个他闻所未闻的世界。就像是看戏，他从来只在观众席上看正面的舞台，现在，幕的一角被掀起了，他窥视到了一个从没见识过的世界。幸坂突然发现，自己以前的想法看似正确，其实却是那么的单纯和教条。

"那男人丢下她走了，她为了抚养孩子当了陪酒女。"

幸坂不由得想到已做好引产准备的佐野久美子。

"如果她不生下孩子，她也许能忘了那个男人，忘记那一段噩梦般的生活，重新振作起来。"

"你是说那孩子成了绊脚石？"

"遗憾的是，孩子有时真是个绊脚石。"

"她是不是性格特别软弱？"

井田说的可能是事实，但幸坂还是对那个自杀的女孩很生气。"那些生下没有父亲的孩子的女人，不见得都是不幸的，也不会都去寻死吧？"

"说的是不错。"

"事实上有了孩子，有些做母亲的反倒坚强起来，有了活下去的勇气。"幸坂借用绘梨子的理论,"难道不是这样吗?"

"那你是说,就像护士长那样?"

"你说什么?"

"你不知道护士长的经历吗?"

"护士长怎么了?"

幸坂只知道护士长从年轻时一直独身,其他就不甚了解了。

"护士长也有过同样的经历。很长一段时间她犹豫不决,结果就过了五个月,不得已她只好把孩子生了下来,那是个女孩子,现在该上大学了吧。"

"这是真的?"幸坂第一次听说这事。

"我也是在无意中,把那自杀女孩的事告诉了她,她才对我说出了她的经历,她和大家好像还从未谈起过,但因为这个孩子,她再也没结婚。"

"护士长怎么会拖到五个月……"

"一定是踌躇再三吧。"

护士长医学知识丰富,工作麻利,真难想像这么能干的护士长竟然还会有这样的过去。

"那时候,谁都不敢为妊娠五个月的孕妇做妊娠中止手术,没办法,她才生下那个孩子的吧。"

"她没想过再结婚?"

"好像有过心仪的人,但因为有孩子,她最终没下得了决心。"

"那么说,她也后悔当初不该要这个孩子?"

"她倒没说后悔,但她说了,如果没有这个孩子,她的生活一定更快乐丰富,也一定会活得更有声有色。"

"这么说,护士长就是靠她一个女人把孩子拉扯大的。"

"她是个护士,所以有经济能力维持生活,但二十一岁起,她就年轻轻地一个人带着孩子,过着寂寞孤单的日子。"

幸坂真想现在立即跑去给护士长道歉,他对护士长太不解了,竟然出言不逊地说她是"老姑娘"。想起自己的鲁莽幸坂实在无地自容。

怪不得自己说给八个月胎儿打胎太残酷了,护士长固执地就是不站在自己一边,原来有她的难言之隐,更有她对自己人生的惋惜。

"仔细想想,护士长也是挺可怜的。"

井田把那封遗书放回信封里。

"你说的是没错,扼杀一个八个月的胎儿是残酷,但是因为一个孩子而牺牲了自己一辈子的女性难道就不可怜吗?"

幸坂现在真的搞不清到底哪个是正确的了。你原认为不正当的事在某种场合却是正确的,而你觉得正确的事有时候得到的结果却恰恰相反。

"在众多的医生中,需要有一个冷血、不守规矩的医生吧。"

井田苦笑起来,手中的香烟灰掉在了地上。

外面传来一阵脚步声,紧接着响起敲门声。

"请进。"

井田话音刚落,门被打开,是护士长。

"怎么了?"

"佐野久美子开始阵痛了。"

"子宫口开多少了?"

"五公分。"

"是吗,那就快了。"

井田掐掉香烟,看了一眼手表。

"先用0.2毫升奎宁。"

"是。"

"然后把患者推到分娩室……马上就去。"

"那就请医生开始吧。"

护士长对幸坂看都不看一眼，施过礼，出去了。

幸坂的手表正显示着六点，窗外已经天黑，对面楼里的病房已点上灯了。

"那么，又要干件违法乱纪的事了。"

井田拍了一下腿站起来，幸坂也跟着站了起来。

"你，和我一起去吗？"

"……"

"听着，八个月的胎儿已经很大了，有眼睛，有鼻子，还有眉毛，手脚也有模有样了，男孩子的话当然还有小鸡鸡，但不管病人怎么问你，你只能告诉她是个红色的血块。"

"是。"

"你就当它是个死胎，把它取出来，明白了？"

"是。"

"那么，走吧。"

井田朝幸坂一点头，关上门，在夜色中他俩并肩穿过走廊，快步朝病房走去。

樱红色的樱子

一

"这绝对不可能。"

宫下俊夫瞪着来调查事件的警官,脸上的表情有点恼火。

"她昨晚和我分手时,千真万确对我说过'明天七点半来接我'。所以,尽管今天早晨我睡过头时间很紧了,但还是绕道上她公寓来了。"

"这么说,你是在一点不知情的情况下,到她公寓的。"

"那还用说吗?要是知道出了这样的事,就算我是个慢性子,也早就着急赶来了。"

"她一点都没有想自杀的迹象?"

"没有,一点没有。"

俊夫使劲摇着头,他脸色苍白,情绪激动。

事件发生在今天早晨八点不到一点。

八点十五分前,俊夫来到阿佐谷吉川樱子的公寓。他按了半天门铃也不见吉川樱子来应门。于是就用自己的钥匙开了门,房间里一股呛人的煤气味,樱子仰天躺在地上,已经死了。

俊夫吓坏了,立即通知了公寓的管理人,管理人报了110,警察马上赶到了。

他是现场见证人,被留下参与刑事现场取证,然后乘上警车来到杉并警署,在那里录下证词。

他打电话跟公司联系了,说上午去不了了。但看这架势,下午也不一定完得了。

负责调查事件的有两个警官。一个胖胖的,上了一点岁数了,另一个年轻的瘦瘦的，大概二十四、五岁吧。基本是由那年长的警官提问，那年轻的在一旁做记录。

"可是一个死者，她的脸竟然那么美啊。"

年长的警官回想着在嘴里嘀咕，一边从口袋里掏出淡味七星香烟。

"来一支。"他递给俊夫。

"不，我自己有。"

俊夫说着从西服口袋里拿出一盒德国野樱桃牌香烟。

至今为止，俊夫只有一次受到警官审讯。那次是因为超速，是被测速器逮住了。警官容不得他申辩半个字，就让他在超速20公里的调查记录上签了字。

从那以后，俊夫看见警官就来气，不过眼下他可不敢造次，这事实在非同小可，弄不好，是要影响自己前途的。

"她昨晚肯定说了让你今天去接她？"

年长的警官吸了一口烟，问道。

"是的。"

"既然这么说了，她怎么可能自杀。"

"这个我也想不明白。"

俊夫拿着香烟的手指不听话地微微颤抖。

"你和吉川樱子是恋人关系？"

"嗯，可以这么说吧……"

俊夫刚点上烟，这会儿却一个劲地忙着掸烟灰。

"你们俩相差几岁？"

"两岁"

樱子今年二十六岁，俊夫比她大两岁，二十八岁了。

"你们都在东洋商事工作？"

"是。"

东洋商事是一家实力雄厚的商社,位于有乐町。俊夫在纤维一科,樱子在总务科。

"你住的地方离她的公寓很近吗？"

"我住阿佐谷一丁目,她的公寓在二丁目。如果一起去阿佐谷车站,先到她公寓的话就要绕道远一点,不过赶一赶的话,十分钟可以到了。"

"那么昨天晚上,你和被害者在一起？"

"被害者？"

"噢,是吉川樱子。"那位年长警官苦笑着纠正。

"我们下班后见的面。"

"见面后去哪里了？"

"这有必要告诉你吗？"

"你一定不愿说也可以,但我有义务问一下。"警官不紧不慢,话说得很有礼貌。

"我们在有乐町吃了饭,又在新宿转了转,就回家了。"俊夫表情冷淡地说。

"回家时,你没有进她的公寓？"

"她说进来坐一会儿吧,我就……"

"也就在那时,她让你明天早晨去接她。"

"就在我要回家的时候,她这么对我说。"

"你以前早晨也去接过她吗？"

"刚开始的时候……"

"刚开始是什么时候？"

"我们刚认识的时候,两年前了。"俊夫看着手中的香烟。

"也就是说,你最近没去接过她。"

"我们虽说住得很近,但却不顺路,我去接她的话就要多花费五到六分钟时间,早晨的五、六分钟可是非常宝贵的。再说也不用像小学生那样,一定要约好了一起走。想见她的话,待会儿在公司也能见得到她的。"

"那么,昨晚是她难得开口让你去接她吗?"

"是的。"俊夫猛抽几口烟。

"那你,有没有觉得她和往常不一样?"

"她喝醉时,经常会让我第二天早晨去接她。"

"那么,昨天她喝醉了?"

"昨天我们在新宿并没喝很多。"

"然后你就答应第二天去接她。"

"按以往我是不会去的,可昨天她纠缠不休。"

"纠缠不休?"

"她反反复复说了几遍,让我明天一定要去接她。"

"最后被她缠得没办法,你决定去接她了?"

"她甚至说,如果我不去接她,她就去死。"

"这话有点蹊跷吧?"

警官慢慢抚弄着下巴上稀疏的胡子。

"她说你不来我就去死,可她还不清楚你来不来就已经死了呀。鉴定的结果还没最终出来,但可以推定死亡时间是在今天早晨六点至七点之间。"

"……"

"她再三要求你去接她,却又自杀了,这怎么也说不通吧?"

六月中旬,正是梅雨季节,审讯室里闷热得很。在俊夫的右边有扇小窗户,透过窗户可以看见警署的内花园,庭院里树木茂盛,绣球花缀满枝头,空气湿热热的,没有一丝风儿吹来。

俊夫从西服口袋里拿出手帕,擦了擦脖子上的渗出的汗水。

"她以前有没有干过自杀未遂的事?"

"和我认识之后没发生过这种事,以前我就不知道了,但无论如何,她不像是个会做这种事的人。"

"她丝毫没有自杀的征兆?"

"根本没有。"

俊夫再次坚决地摇了摇头。

"那么,是不是她喝醉了,忘了关煤气?"

"昨天她不过喝了两、三杯兑水的威士忌,有点醉意,那样子和平时没有什么不一样。"

"你离开她的房间是几点?"

"应该是十一点左右。"

俊夫稍稍想了想说,眼睛望了一眼那没有一丝风吹来的窗外。

"那时也没什么异样?"

"没有。"

年长的警官点了点头,那年轻警官依然认真地做着记录。俊夫微微皱起眉头又点上一支烟。

"可是,煤气阀是被开足了的,房间里也收拾得干干净净。"

"你们的意思是说,她是自杀?"

俊夫生气地抬起头。

"我们并没肯定,但从现场的情况来看,这是最说得通的。"

"可是她一再让我明天早晨去接她,再说,也没看见她留下什么遗书。"

"有时说不清为什么,就突然冒出了自杀的念头,这种情况也是有的。"

"一个活生生的人就这么死了吗?就算她是自杀,也该有个明明白白的理由吧,难道就这么简单地死了吗?"

"年轻女孩的心情有时是捉摸不定的。"

"她也不年轻了,再说樱子是个非常坚强,头脑清醒的人,她没有任何去死的理由。"

"那你是说,她死于意外?"

"这个……"俊夫停顿了一下。

"或者是他杀?"

"他杀……"

俊夫忍不住大声喊起来。

"自杀,他杀,意外事故,只有三种可能。"

警官说完,手指在桌子上像弹钢琴似的敲击着。

"你有她公寓的钥匙?"

"那又怎么了?"

"我只是想知道,你怎么会有这钥匙的?"

"是她给我的,她说这样我什么时候想去就可以去。"

"原来是这样。"

"等等……"

俊夫慌忙打断警官。

"你们不会是怀疑我干的吧?"

"那倒没有,但你是和她最近的人了,所以跟你了解一下情况。"

"绝对不是我干的。首先,我没有任何理由要杀她,我没必要这么做。"

年长的警官抱着双臂，眼睛朝屋顶看着，年轻的警官一如既往，默默地作着笔录。

"别开玩笑了，简直是胡说八道。"

"我们可是什么也没说呀。"

"太热了，请让我一个人呆会儿吧。"

俊夫解开领带，摁灭了香烟。窗外依然没有一丝风，树梢静静的一动不动。

二

当警官离开后，审讯室里就剩下他一个人时，俊夫回忆起自己和吉川樱子相处的日子。

他和樱子认识是两年前的四月。

那天早晨，在阿佐谷的电车站台候车的时候，是俊夫主动和樱子搭的话。之前，俊夫在公司看见过她几次，因为不在一个科室，所以没有直接说过话。

樱子很瘦，看上去像是个好胜的姑娘。她五官端正，身材也不错，虽然个子不高，但娇小玲珑。

从外表看，樱子厉害好胜，不容易接近，可俊夫一接触却发现她是个性格活泼的姑娘。

俊夫很快了解到，她毕业于S女子大学的英语系，娘家在埼玉县，大学毕业后就到现在的商社就职了。最近，她才搬到阿佐谷的公寓。

"樱子没有什么特别的含义，因为吉川这个性太普通了，所以我父母想把我的名字起得稍微醒目一点。"

樱子是这样解释自己的名字的。"可是，樱花生命短暂，转眼就凋谢了。我可能也会像樱花那样，年轻轻的就死了。"

在他俩相识不久时，樱子曾不经意地这么说，现在想来，竟然被她不幸言中了。

二十六岁，还没结婚，就结束了短暂的一生，恰如樱花的生命历程。

可是樱子的死，对俊夫来说简直是个噩梦。说实话，樱子如果是自杀的话，他觉得一大半原因出在自己身上。

俊夫和樱子真正好上是在五月末，那时他俩认识一个月，地点就在阿佐谷樱子的公寓。

他和樱子发生关系后，才知道樱子还是个处女。

俊夫原以为樱子大学毕业，芳龄二十四，和男孩子总该有了一、两次的性经验，可事实却不是这样。像樱子这样长相端正、身材姣好的女孩，有一两个男朋友也是很正常的，但事实上她好像还没有和男孩子深交过。

也许是樱子外表好强，又不苟言笑，令男孩都躲得远远了。

俊夫和她熟悉后，发现樱子是个很会照顾别人，善于料理家务的女孩。偶尔，俊夫住在她那里，樱子早早地便起床给她准备早餐，不单单是面包牛奶，她还会精心地准备好色拉、味噌汤。

俊夫的裤子、手帕，也不知什么时候，已被熨烫得平平整整。

樱子还是个爱干净的人，看见俊夫身上的裤子、鞋子只要有一点脏了，她会赶紧让他换下来，替他洗刷干净。

总而言之，对俊夫，樱子真是无微不至。

俊夫不是个拈花惹草的人，但也称不上洁身自好。他曾经有过四、五个女朋友，但就数樱子长得最漂亮，最温柔。

起初,樱子对男欢女爱的事一点不感兴趣,但不久以后便知道了做女人的快乐,有时竟会主动起来。

樱子犹如一个情窦未开的女孩,自从遇上了俊夫,一夜之间风情万种地怒放了。

他们相识一年的时候,真是如胶似漆。按那架势,两人将直奔结婚的殿堂了。

如今回想起来,也就在那以后,俊夫对樱子开始厌倦了。

俊夫当时还不想结婚,所以也没认真考虑过自己和樱子的婚事。俊夫当时二十七岁,他不想这么快就结束自己单身的生活。

可樱子比俊夫小两岁,二十五岁,眼看就要错过了最佳的结婚年龄,虽说她相信俊夫爱着自己,但她更希望能得到俊夫愿意和自己结婚的一个口头承诺。

今年年初,樱子把这事提了出来。

"可以的话,让我认识一下你的父母吧。"

樱子把自己想和俊夫结婚的愿望,用这种方式表白了出来。

俊夫也明白,樱子是希望得到一个结婚的承诺,希望两人的关系得到俊夫父母的承认。

尽管俊夫觉得作为女孩子,樱子有这种想法也很正常,可也不知道为什么,俊夫却突然对樱子没了兴趣。

俊夫的想法实在有点牵强附会,他觉得樱子以前之所以对自己那么无微不至,是樱子非常功利的念头在作祟,是急于想和他结婚。

一旦没了兴致,樱子身上的优点在俊夫的眼睛里突然都变了味。

樱子爱干净,做事仔细周到,现在回头一看是她太好胜、太死板;她善解人意,会照顾人,如今看来也是强加人意,自说自话;有忍耐精神也变成是阴险，故意和你对着干。

其实，俊夫厌倦的正是樱子对爱情太投入、太专注了，樱子的爱对俊夫已成为一种负担。

这时候他俩的关系恰恰应验了这么一句话：女人太爱男人，她想用爱来牢牢地拴住他，但男人却被爱压得喘不过气来，只想逃之夭夭。

俊夫并不是有了新欢，但他不再频繁地出入樱子那里了。

以前，星期六、星期天两天，他是一定在樱子那里度过的。现在，星期六他去公司上班，下了班也不去樱子那里。

偶尔，他喝得烂醉后上樱子那里，一进门就倒头呼呼大睡，根本没有一点恋人间的柔情蜜意。

即便这样，樱子也不发牢骚，她替俊夫脱衣服，盖上毯子，服侍他睡下。那神情简直就是献身了。

樱子总是等着俊夫，俊夫觉得樱子绝对不会离开他，她永远会等下去的。这个念头让俊夫变得越来越任性起来。

今年开始，俊夫在公司几乎和樱子不讲话。

他俩的关系在公司已经人人皆知，俊夫突然摆出和樱子行同陌路人的架势，这对一个男人来说倒无妨，但对一个女孩子家来讲就非常尴尬了。

樱子已经以身相许，公司里谁都知道两人快结婚了，突然间变得如此冷淡，樱子当然很难堪。

于是，下了班，或午休时候，樱子几次三番对俊夫说："今晚来我这里吧。"

因为有旁人在场，俊夫只好点头应允，但他并不如约而至。

其实他也想，就去一下吧，可一转念，想到自己在那昏暗的公寓里，等着樱子准备晚饭。这太现实、太居家的氛围,让他一下子没了情绪。

俊夫感觉只要上樱子的公寓,自己就会被樱子牢牢抓住,再也无处可逃。

表面上,俊夫冷淡着樱子,但他也不是完全地讨厌她,所以在他喝醉了酒,或者一个人突然寂寞时,俊夫便又主动跑到樱子那里。

他知道樱子闷闷不乐,有点烦人,总是缠着他,但他又欣慰,只有樱子会这么一厢情愿地等着自己。

俊夫的父亲是大学教授,俊夫自小生活优裕,但性格比较软弱。

他对樱子有点厌倦了,可又硬不起心肠和她一刀两断。况且樱子温柔,但内心倔强,这种性格对性格软弱的俊夫来说也是很有魅力的。

俊夫冷淡樱子,这倒有点像小孩子和溺爱自己的母亲耍小性子一样。不管俊夫怎么冷淡自己,樱子大概早就看穿他的脾性,她总是耐着性子,听凭他任性地耍脾气。

但是今年五月,俊夫和樱子吵了一架,打那以后,两人的关系彻底疏远了。

起因是两人在口角中,俊夫忍不住脱口而出:"我早就受够了你这老妈子。"

再有忍耐性的樱子也受不了这样的侮辱,樱子一下子脸色苍白,两手捂住脸哭了起来。

俊夫正准备道歉,但看见樱子肩膀颤抖地抽泣个不停,觉得樱子是故意哭得虚张声势,于是便丢下樱子,一声不吭地走了。

他心里明白自己是太过分了,但嘴上却不想说。

之后整整一个月,樱子在公司、在车站遇见他也不再打招呼,一脸漠然地擦肩而过。

俊夫想道歉，但樱子那强硬的态度，又让他下不了台。

慢慢地，看着樱子不依不饶，俊夫由抱歉变得恨恨起来，他想樱子果然是个固执阴险、有心计的家伙。

昨晚是两人结束冷战，一个月后的重逢。

还是樱子先开口对他说："我想见你。"

俊夫没觉得一丝内疚，反而想，终于投降了。

樱子说正好零花钱还有多，请俊夫到有乐町的H大楼十二层的一家餐厅吃饭。

他俩在那里吃完晚饭，又到新宿一家两人常去的酒吧。

在酒吧喝了一个小时后回到阿佐谷樱子的公寓。

银座，新宿，阿佐谷，这样的约会和他俩热恋时完全一样，但今天樱子自始至终话不多，显得有点沉闷。

在酒吧时，樱子直瞪瞪地盯着酒杯出了神，偶尔又恋恋不舍地望着俊夫。

"怎么了？"俊夫问她。

"没什么。"樱子摇摇头，也不多说什么。

小别重逢，俊夫也没什么话可说，倒是想快点能抱住纤细娇小的樱子。

从樱子微微敞开的领口，隐约可见她那白皙的皮肤、丰满的乳房，也许是一个月不见，这让俊夫感到久违的感官刺激。

"回你公寓去吧。"

面对俊夫提议，樱子顺从地点点头。

到了樱子的公寓，俊夫奇怪地发现被褥已经铺好。樱子平时做事认真仔细，早晨被子总是折叠整齐后放入壁橱的，像今天这样铺在地上实在少见。

俊夫觉得有点奇怪,但也没有多想,他迫不及待地抱住了樱子。

樱子没有任何抵抗,当然在这之前樱子也从没抵抗过,但今天不知为什么,樱子显得比以往更加温顺,她任凭俊夫摆布自己。樱子一直不喜欢自己在俊夫面前一丝不挂,可今天她听话地由着俊夫,那神情似乎是准备把自己毫无保留地交给俊夫了。

不一会儿,樱子激情奔放起来,她的手死死地抓住俊夫的肩膀,发出低低的抽泣声。

完事后,樱子依然闭着眼睛,肩膀微微地颤动。

当俊夫将男人的欲望一吐而快后,突然清醒过来。

看见樱子还沉浸在刚才的激情中,俊夫涌上一股莫名的烦躁,促使他想尽快离开这里。他摸索着起身,樱子睁开眼睛看他。

"你这就要回去……"

"嗯。"

说老实话,该满足的已经得到满足,呆在这里也是英雄无用武之地了。过一会儿,若是再被盘问为什么不见她,那可受不了。俊夫站起身。

"一定要回去吗?"

俊夫不回答,开始穿衣服。

樱子缓缓地起来,穿上碎花图案的睡衣,坐在镜子前梳理起头发。

"对了,我求你一件事。"

"什么事?"

俊夫一边穿长裤一边有点不耐烦地问,樱子刚被爱抚过的脸,面若桃花,她轻轻咬下嘴唇,又一低眉说:

"明天早晨,能来接我吗?"

"开什么玩笑。"

俊夫没容想一想便一口回绝,早就不是初恋的时候了,她以为还是两年前,还想让他早晨来接她。

"你要性子也要有个分寸。"

"我不是耍性子。"

樱子猛地转过头,双手端放在膝盖上,直瞪着俊夫。

"你这是干什么,脸拉成这样。"

"求你了,明天早晨一定过来。"

"你又不是小孩子,一个人能起来的。"

"求你了。"

这一次,樱子双手交叠在一起,冲他深深地低头施了个礼,灯光下,樱子披散的头发下露出白皙的脖子。

俊夫不由得又生气起来,这女人真是够烦人的,难得对她好一点,倒又死皮赖脸地缠起人来。

俊夫恨恨地咂舌,朝门口走去。

"俊夫,求你了。"

突然,樱子抱住俊夫的右腿,俊夫一个趔趄,差点被摔倒。

"喂!快松手。"

俊夫想拔出腿来,可樱子死死地不松手,俊夫突然有种恐惧,好像自己被蛇缠住了似的。

"快放手。放手!"

俊夫拼命想摆脱出来,但樱子缠得更紧了,她用自己的脸贴紧了俊夫。

"你明天早晨八点以前不来的话,我就去死。"

"你说什么胡话。"

俊夫低头看脚下发了疯似的樱子。

"你不来我就去死。"

"你是想威胁我？"

"明天早晨，七点半，你一定要来。"

"好吧，我来，但你先放了我。"

俊夫一心想快点脱身，便答应了下来。

"真的，真的一定要来哟。"

樱子抬头，她头发乱糟糟地像个疯子，眼睛放出异样的光芒。

"我一定来。"

俊夫再一次保证，樱子这才松开手。

就在他离开时，樱子又说："吻我一下。"

俊夫怕再要拒绝，樱子又会胡闹起来，便老老实实答应了。

樱子紧紧地贴着他，凑上双唇，舌头伸到他嘴里缠绵了很久。

俊夫被吻得差点透不过气来。

"谢谢。"樱子的眼睛里闪着泪花。

"好了，我明天过来。"

俊夫突然觉得樱子有点可怜，语气稍稍缓和了一点。

"我等着你，七点半啊。"

樱子说着，微微笑了笑。

这是俊夫最后一次见到樱子。

第二天早晨，也就是今天早晨，俊夫七点醒来，洗漱完毕，系上领带已经是七点半了。

俊夫已经打算径直去车站了，走了一半，他又改变主意绕道来到樱子这里。

他原本是不想来的，但樱子昨晚那句"你不来接我，我就死"的话实在让他有点放不下。

俊夫到樱子住的"曙庄"是七点四十五分，比约定的时间晚了十五分钟。

公寓是灰浆结构的，两层楼，每一户门口都是独立的，是专为出租用的公寓。

樱子的房间在二楼的尽头。

俊夫站在门口，按响门铃。

房间里传出门铃声，可没人出来开门。俊夫想，樱子也可能等不及先走了，他又敲了敲门，喊了声"喂。"

门还是不开，俊夫正准备走，但又想再确认一下，就从房门中央的信筒朝里张望。

这时候，他才发现有煤气味。

俊夫又一次按门铃、敲门。

里面依然没有动静。俊夫有种不祥的预感，于是拿出自己口袋里的钥匙打开了门。

樱子的公寓，进门便是带着厨房的三张榻榻米大小的起居室，隔着玻璃移门，里面是一间六张榻榻米大小的房间。

里面房间靠左边铺着被褥，樱子仰天睡着，头歪向窗边。

原本在厨房的煤气灶，用橡胶管接长了被搬到房间，煤气阀全部打开着。

因为煤气灶被搬到里面的房间，玻璃移门又拉上了，所以起居室的煤气味就不太厉害，俊夫按门铃时也没能闻到煤气味。

俊夫发现樱子时，樱子的脸实在美得令人惊艳。

樱子的脸略微泛着粉色,正如樱花的浅粉,若有若无,虚无缥缈。

她闭着眼睛,仿佛熟睡着,鼻子挺拔,鲜红的嘴唇微微张开,好像等待着亲吻。

俊夫从没见过这么漂亮,宛若仙子般的樱子。

其实,还不是俊夫一个人的错觉,急急忙忙赶来的管理人、周围的邻居、警官,都被樱子令人惊艳的美丽怔住了。

"多么漂亮的脸蛋啊,为什么要寻死呢?"

管理人的妻子轻声嘀咕道,在场的人都不由得赞同地点头。

可是,面若樱花,体温尚存的樱子任凭你怎么摇晃,怎么呼唤,却再也不回答你一个字。

闻讯赶来的警官打算给樱子做人工呼吸,他俯身下去,从樱子微微敞开的睡衣领口,他隐约看见樱子丰满的双乳和那富有弹性的皮肤,就像樱花一样,若有若无的粉色,晶莹迷人。

救护车来了,看见樱子被抬上担架,俊夫终于失声痛哭起来。

这么漂亮美丽的女孩,自己为什么要故意疏远冷淡她呢。

就算自己有点烦躁,但心里其实是喜欢她的,我原本可以对她更好点,没必要摆出拒人千里的样子。

如此温柔,甘愿为自己献出一切的女孩,永远不会再出现了。

"我这个混蛋。"

俊夫在审讯室里不停地来回走动,他敲打着自己的脑袋。

这到底是自杀,还是意外事故?但她明明白白求我"明天来接我"怎么可能在这之前就死了呢,昨晚临走时的那个吻,也说明我们的关系有了转折。

既然我们的关系已经柳暗花明,那么她不可能死,她没有去死的理由。

这一定是个事故。

樱子觉得我们又能和好如初了，一高兴去烧开水，或者是兴致一高自己喝了点威士忌，喝醉后忘了关煤气。

那若有若无，美丽的樱花色的脸，一定是威士忌的缘故。还有那鲜红欲滴的嘴唇，一定也是威士忌让血液涌了上来。明明樱子是死于意外事故，可那两个警官好像怀疑是我半夜里跑去打开了煤气阀。

开什么玩笑，我确凿无疑不在现场，昨晚我回家后就睡觉了，如果觉得可疑你就调查吧，煤气阀上也可以取到指纹的。

我对天发誓，我是无辜的，我真的悲痛欲绝，我怎么可能会去杀了如此美若天仙的樱子呢。

俊夫想到这儿，审讯室的门打开了。

三

进来的是刚才那一老一少两位警官，那位戴眼镜的年轻警官右手拿着一本大学生用的笔记本。

两人进来后，站在俊夫面前。那年长的警官若有所思地点一点头。

"你可以回去了。"

俊夫不明白是什么意思。

"调查结束了吗？"

"大体的情况已经清楚了。"

"清楚什么了。"

"我们目前认为这是自杀。"

"为什么这么说？"

俊夫跨前一步。

"她早就做好了自杀的准备。"

"怎么可能。"

"请等一下。"

年长的警官摆了摆手,从戴眼镜的警官手中接过本子递给俊夫。

"这里,夹着纸的地方,写着今天发生的事情。"

俊夫接过本子,笔记本的封面上是樱子那独特的一丝不苟的楷书。

"吉川樱子。"

"我们在书架上发现了这个。"

俊夫翻开夹着纸的那一页。

六月四日,这是今天的日期。

没有什么可再留恋的了,就这样我只要静静地睡去。

唯一的担心,是明天早晨俊夫真的会来吗,我这么恳求他,想必他一定会来的。

俊夫,你一定要来啊,我希望你能第一个看见我死后的脸……

神啊,请你一定让俊夫来接我,让他第一个看见我。

现在是凌晨两点,我听见煤气从煤气阀里泄漏出来的声音。就这样我会睡着,我的呼吸完全停止,应该是在明天早晨六点到七点之间。

那时,我全身的血液充满了一氧化碳,我的皮肤会呈现出樱花般的粉色,但这美丽的粉色只能在死后保持一个小时。

过了一个小时,我的身体会渐渐发黑,出现死斑,俊夫,在我睡着了,灿烂如樱花般美丽的时候,你一定要来看我。

这，是我献给你的最后的礼物。
　　千万不要啊，不要错过了我去上班，等你再赶来，一切就晚了，那时候请你一定不要看见我。
　　七点半，你一定答应我……
　　请你不要忘记我宛若樱花般灿烂的脸。
　　求你了，神啊，请让俊夫七点半到这里来。让俊夫看到我最美的脸。
　　神啊，请你答应我这可怜的人吧，让我实现这个最后的心愿吧。

　　"你，看清楚了吧？"
　　年长的警官轻轻地叹了口气。
　　"没错，这是她的笔迹。"
　　俊夫看着手中的本子说。
　　窗外起风了，眼看快要下起雨来，绣球花的枝头被风吹得轻轻摇动。
　　"她是为了让你看见她最美的脸。"
　　警官说着从俊夫手中接过本子，说了声："回家休息吧。"他站在门口，替俊夫打开了门。

图书在版编目（CIP）数据

飞往巴黎的末班机／［日］渡边淳一著；魏岚译.—上海：文汇出版社，2009.1
ISBN 978-7-80741-452-0

Ⅰ.飞… Ⅱ.①渡…②魏… Ⅲ.短篇小说－作品集－日本－现代 Ⅳ.I313.45

中国版本图书馆 CIP 数据核字（2008）第 184344 号

图字：09-2008-556

パリ行最終便 by 渡辺淳一
Copyrights © 1977 by 渡辺淳一
本书简体中文版根据新潮社 1993 年改版第 50 次重印本译出
This edition arranged through OH INTERNATIONAL CO.,LTD.
Simplified Chinese edition copyright © 2008 by Wenhui Press
All rights reserved.
本书简体中文版由渡边淳一经由 OH INTERNATIONAL 株式会社授权出版

［渡边淳一自选集 005］

飞往巴黎的末班机

作者／［日］渡边淳一　译者／魏岚
出版人／桂国强　翻译统筹／陆求实
责任编辑／季　元　装帧设计／hansey@MiMzii
出版发行／文匯出版社（上海市威海路 755 号　邮编 200041）
经销／全国新华书店
照排／南京展望文化发展有限公司
彩色印刷／上海界龙艺术印刷有限公司
印刷／装订／江苏启东市人民印刷有限公司　上海市北印刷（集团）有限公司
版次／2009 年 1 月第 1 版　印次／2009 年 1 月第 1 次印刷
开本／890×1240 毫米　1/32　字数／110 千
印张／7.125　印数／1—50000
ISBN 978-7-80741-452-0　定价：22.00 元

本书采用特种防伪技术印刷，盗版必究。举报电话：021-52920271